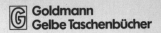

Dem landläufigen Bild des Wilden Westens, wie es Film und Fernsehen gemalt haben, wird hier die historische Wirklichkeit gegenübergestellt. Sachkundig werden die einzelnen Gewehr-, Karabiner- und Revolvermodelle beschrieben. Vor-, aber auch Nachteile der verschiedenen Typen werden erörtert und durch Augenzeugenberichte belegt. Der Leser wird auch mit den berühmten Trägern und Besitzern einzelner Waffen bekannt gemacht sowie mit den packenden Situationen, in denen diese Waffen über Leben und Tod entschieden. Auf diese Weise enthält dieses Buch trotz aller sachlicher Information eine höchst lebendige und spannende Schilderung des Wilden Westens.

Christopher S. Hagen, unter dem bürgerlichen Namen H. J. Stammel bekannt und Träger des Gerstäcker-Preises, ist gerichtlich bestellter Sachverständiger für amerikanische Feuerwaffen.

»Die Feuerwaffen der Pioniere« ist ein Band der Goldmann Taschenbuchreihe »Der Wilde Westen original«.
Ein weiterer Band ist:
»Sheriffs, Outlaws und Banditen« (3451)

CHRISTOPHER S. HAGEN

Die Feuerwaffen der Pioniere

Der Wilde Westen original

Mit 128 Abbildungen

WILHELM GOLDMANN VERLAG
MÜNCHEN

7074 · Made in Germany · I · 1110
Genehmigte Taschenbuchausgabe. Die Originalausgabe ist in der Deutschen Verlagsanstalt GmbH, Stuttgart, erschienen. Umschlagentwurf: Ilsegard Reiner. Umschlagfoto aus dem Film ›Der Mann von El Paso‹. Foto: Filmpress/Warner Columbia. Satz und Druck: Presse-Druck Augsburg. Verlagsnummer: 3465 Ag/pap
ISBN 3-442-03465-5

Inhalt

Vorwort 7
Einführung 8
Steinschloßwaffen 13
Perkussionswaffen 28
Metallpatronenwaffen 89
Schluß 156

Vorwort

»»Arma virumque cano‹ (lat.: ›Ich besinge die Waffen und den Mann‹),
– so beginnt Vergils ›Äneis‹, das Heldenepos der Staatsgründung
Roms. Seit zweitausend Jahren hat sich daran, daß Waffengewalt die
Geschichte der Menschheit prägt, nichts geändert. Es trifft auf die
USA ebenso zu wie auf die übrige Welt, nur daß sich die Geschichte
der USA in rasender Schnelligkeit vollzog.«
Robert Elman: Fired in Anger, S. 11

Im landläufigen Film-, Fernseh- und Heftchenwestern sind es immer
nur wenige großartige Helden und finstere Bösewichte, die mit Winchester-Gewehren und Colt-Revolvern die unglaublichsten Schießkunststückchen vollbringen. Die Mehrheit der Pioniere, die offenbar
vom Schießen nichts versteht, ist in Angst und Schrecken erstarrt.

Auf diese Weise hat uns die Klein-Moritz-Perspektive der Unterhaltungsindustrie seit 1900 den amerikanischen Westen als ein kriminelles Chaos geschildert, in dem Faustrecht und Gewalt herrschten
und nur der am Leben blieb, der mit der Waffe umzugehen verstand.

Die historische Wirklichkeit straft dieses Bild Lügen: Ein Angreifer
benötigte zwar nur einen Fingerdruck am Abzug einer Waffe, um
einen Gegner zu töten, aber der brauchte ja auch nur einen Finger zu
krümmen, um den Angreifer auszuschalten! Im Westen Amerikas
besaß jeder eine Schußwaffe und verstand damit umzugehen.

Diese Situation führte dazu, daß das Risiko für Waffenmißbrauch
so groß war wie sonst nie in der Geschichte der Menschheit. Ein Mann,
der einen Mord beging, mußte damit rechnen, daß er sofort die ganze,
bis an die Zähne bewaffnete Gesellschaft auf den Fersen hatte. So
zeigt denn auch die Geschichte, daß Mörder so gut wie niemals eine
Chance hatten, ungestraft davonzukommen. Das gleiche gilt für Räuber und Banditen. Dieses ungemein hohe Risiko aber führte automatisch zur geringsten Kriminalität – was Waffengewalt betrifft –, die
die Menschheit bis dahin gekannt hatte. 100 Jahre »Wilder Westen«
haben weniger Menschenleben durch kriminelle Gewalt gekostet als
eine halbe Stunde Schlacht bei Gettysburg im Bürgerkrieg. Kriminalstories, wie sie uns auf Leinwand und Bildschirm serviert werden, wären im wirklichen Wilden Westen unmöglich gewesen.

Christopher S. Hagen

Einführung

»Die Feststellung erscheint gar nicht so abwegig, daß die Waffen, die den Westen eroberten, nicht weniger verschieden – und sicherlich interessant – waren wie die Leute, die sie verwendeten. Von der Zeit der Trapper und Pelzjäger bis zu den Soldaten, Büffeljägern und Cowboys, Männern des Gesetzes und Revolverhelden waren Gewehr und Revolver nicht allein Waffen, sondern sie gehörten zur Ausrüstung des Westerners ebenso wesentlich wie Arme oder Beine.«
James Wyckoff: The Way West, S. 5

Allgemein wird die Erfindung des Pulvers dem Bernhardinermönch Berthold Schwarz zugeschrieben. Er brachte 1380 eine Pulvermischung aus Salpeter, Schwefel und Kohle (im Verhältnis 7:2:1) in einer selbstgegossenen Bronzekanone zur Entzündung. Mit dem Gasdruck erzeugte er einen gewaltigen Knall und schleuderte Steinkugeln über weite Entfernungen.

Aber schon etwa hundert Jahre vorher, 1249, hatte der englische Philosoph und Wissenschaftler Roger Bacon das Rezept für Schießpulver in einem verschlüsselten Code niedergeschrieben. Dabei mag er auf das Manuskript »Alexias« zurückgegriffen haben, das im 11. Jahrhundert von der byzantinischen Prinzessin Anna Komnene niedergeschrieben worden war. Das von ihr beschriebene »Griechische Feuer« hatte Callinicus von Heliopolis bei Konstantinopel in Metallröhren angezündet und mit den Stichflammen die Wände feindlicher Schiffe verbrannt.

Allgemein wird auch die Erfindung der Schießpulverwaffe, mit der Projektile durch den Gasdruck entzündeten Pulvers durch einen Lauf getrieben werden, den Deutschen zugeschrieben. Man verweist auf die sogenannte »Tannenbergbüchse«, mit der die Festung Tannenberg zerstört wurde (1399), aber zeitgenössische Berichte bezeugen, daß schon 1314 ähnliche Schußwaffen von Brüssel nach England verschifft wurden. Bei Mantua wurde ein Bronzerohr mit Zündloch ausgegraben, das die Jahreszahl 1322 trug. Im Schloß Monte Vermini fand man eins mit dem Datum 1346 und bei Perugia ein ähnliches mit der Jahreszahl 1364. Aus Kriegschroniken des 14. Jahrhunderts geht hervor, daß »Hand- und Schulter-Feuerwaffen« in Belgien, Deutschland, Italien, England, Spanien, Frankreich, Rußland, Schweden und in der Schweiz sowohl als »Feuerwerfer« (ohne Projektile) und als »Geschoßschleuderer« (runde Steine, Eisenkugeln, Bleikugeln, mit Blei überzogene Steinkugeln) Verwendung fanden. Diese frühen Feuerwaffen wurden durch Einführen einer glimmenden Lunte oder einer rotglühenden Eisenstange in ein Zündloch zur Entzündung gebracht.

Von 1400 an wurde in den europäischen Ländern mit zunehmendem Eifer an der Verbesserung dieser Feuerwaffen gearbeitet. Um den Rückstoß der immer stärker werdenden Pulverladungen aufzufangen, erfand man in Deutschland die »Hakenbüchse«, ein Büchsrohr mit einem Mauerhaken, aus dem sich dann die »Arkebuse« und die »Muskete« entwickelten. Schon 1425 verwendete man nebeneinanderliegende Läufe, um ein schnelleres Feuern zu erreichen.

Die zunächst kurzen und dicken Rohre wurden länger und schlanker, das Zündloch – wegen des Regens – von oben an die Seite des Laufs verlegt, die Rohre erhielten eine Holzschäftung, man spannte die Lunte in einen schlangenkopfähnlichen Haken (»Serpentinschloß«), so daß man nicht mehr darauf zu achten brauchte, mit der Lunte genau das Zündnäpfchen zu treffen, sondern nun regelrecht auf den Gegner zielen konnte.

Von nun an folgte ein verbesserter Schloßmechanismus dem anderen: Die gefederten »Luntenschlösser« verwendeten bis etwa 1700 noch die Glut glimmender Lunten zur Zündung, aber schon um 1550 kündigte sich mit dem »Radschloß« eine entscheidende Wende an. Es funktionierte wie ein heutiges Feuerzeug: Ein gerieffeltes Rad (das vorher gespannt und durch den Abzug ausgelöst wurde) rieb über einen Pyritbrocken (Schwefelkies) und schlug Zündfunken in die Pulverpfanne. Die Explosionsflamme des Pfannenzündpulvers erreichte über eine Laufbohrung die Pulvertreibladung. Da aber die Herstellung der Radschlösser sehr kostspielig war, sann man auf Vereinfachung. Sie gedieh gegen Ende des 16. Jahrhunderts mit dem »Schnappschloß« zur Produktionsreife. Das Prinzip war einfach: Ein »Schnapphahn«, zwischen dessen Haltebacken ein Feuerstein geklemmt war, schlug beim Auslösen gegen eine »Batterieplatte« Zündfunken in eine Pulverpfanne. Der Nachteil, daß schon ein Windstoß das Zündpulver aus der Pfanne wehen, Regen es unbrauchbar machen konnte, führte 1620 zum »Steinschloß«, bei dem Batterieplatte und Pfannendeckel eine Einheit bildeten, die das Zündpulver bis zur Auslösung des Hahns verschlossen schützte.

Bis in die Mitte des 19. Jahrhunderts sind in aller Welt die Stein-

Von links nach rechts:
Deutsche Handkanone (Hakenbüchse) aus Bronze, spätes 14. Jh.
Schweizer Sear-Schloß-Gewehr, Kaliber .65.

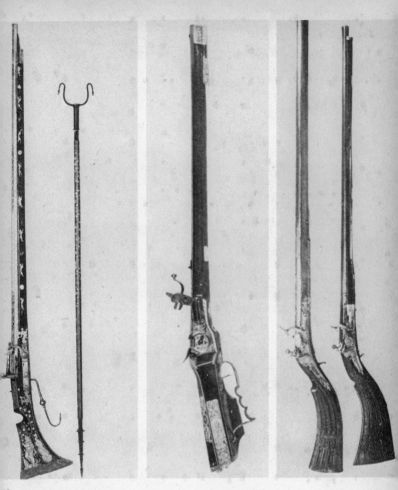

Von links nach rechts:
Amsterdam-Muskete, spätes 16. Jh., Kaliber .74.
Deutsches Radschloß-Spezialgewehr von 1669 für einen Rechtshänder.
Englisches Schnappschloßgewehr von Bellachstel Gulielmus Smith.
Hinterlader-Schnappschloßbüchse von 1686.

schloßwaffen verwendet worden. Unübersehbar ist die Zahl der Variationen, vom wasserdichten Schloß bis zur zehnfachen Zündfolge, von der mehrläufigen Waffe bis zum Hinterladerschloß, von der reich verzierten, gravierten und goldbelegten Luxuswaffe bis zur spartanischen und robusten Militärmuskete.

Um 1822 erhielt Joshua Shaw, ein nach Amerika ausgewanderter englischer Büchsenmacher, das erste Patent für Zündhütchenzündung. Das neue Prinzip war einfach und narrensicher: In den Lauf wurde ein zylindrischer Piston mit einer Bohrung geschraubt, darauf ein Zündhütchen gesetzt, dessen Boden mit einer chemischen Zündmasse ausgegossen war, die durch den Schlag des Hahns explosionsartig eine starke Flamme entwickelte. Diese »Perkussionszündung« brachte die Entwicklung neuer Schloßsysteme einen Riesenschritt voran. Nun war es möglich, Repetiersysteme herzustellen (Revolvertrommel usw.), Papier-, Leder- und Stoffpatronen zu verwenden.

Von nun an sind es hauptsächlich Amerikaner, die den bis dahin im Waffenbau dominierenden Deutschen den Rang streitig machen. Mit der Eroberung des amerikanischen Westens wurden immer größere Anforderungen an Feuerwaffen gestellt. 1845 kamen die ersten Metallpatronen mit Randfeuerzündung auf den Markt. Wenige Jahre später stellte Tyler Henry seine erste Volcanic-Geschoßpatrone vor, die aus einem mit Pulver geladenen Bleigeschoß bestand, das mit einem Zündplättchenboden verschlossen war. Den Sioux-Indianern sagt man die Erfindung der Zentralfeuerpatrone um etwa 1859 nach: Aus Mangel an Munitionsnachschub bohrten sie in die Böden von Randfeuerpatronen Löcher, drückten ein Perkussionszündhütchen hinein, füllten Pulver und Geschoß auf und änderten die Schlaghähne der Schlosse.

Mit diesen »Zentralfeuerpatronen« begann im amerikanischen Westen eine Ära, die noch andauert, die Ära der Repetier-, Selbstlade- und Maschinenwaffen. Aber nur die Repetierwaffen (Revolver und Gewehre) waren es, die den Ausklang des abenteuerlichen Pionierzeitalters begleiteten.

Steinschloßwaffen

»Auf präzise Schußleistung legten die Militärs des 18. Jahrhunderts keinen Wert. Eben erst hatte der Preußenkönig Friedrich der Große den Siebenjährigen Krieg (1756–1763) allein durch das Massenfeuer aus billigen Musketen gewonnen. Während des Unabhängigkeitskrieges (1775–1783) waren die englischen Truppen mit der britischen »Brown-Bess«-Muskete ausgerüstet. Die Bleikugeln wogen 41,2 Gramm, der Durchmesser betrug bei Kaliber .78 19,8 mm. Elf solcher Kugeln wogen ein Pfund! Wie alle Militärmusketen hatte die Brown Bess eine glatte Innenlaufwandung, das bedeutete, daß ihr normaler Trefferstreukreis auf 90 Meter etwa 90 bis 120 cm betrug! Sorgfältiges Zielen war sinnlos. Soldaten erhielten lediglich den Befehl, in die Richtung des Feindes zu schießen. Allein auf das Massenfeuer kam es an.«
Hank Wieand Bowman: Antique Guns, S. 24

Die ersten Kolonisten, die sich in den britischen, französischen und spanischen Kolonien Nordamerikas ansiedelten, brachten aus Europa Lunten-, Rad- und Schnappschloßwaffen mit. Sie waren so schwer, daß nur mit Auflagegabeln geschossen werden konnte.

Unter den Einwanderern, die in den ersten Dekaden nach 1700 dem Ruf von William Penn, dem Gründer von Pennsylvania, folgten, befanden sich vornehmlich deutschsprachige Schweizer, Elsässer, Österreicher und Deutsche, die in Pennsylvania mit den neuesten Entwicklungen der sogenannten »Jägerbüchse« Aufsehen erregten.

Deutsche Jägerbüchse

Diese Jägerbüchse war eine mehr als zehn Pfund schwere, verhältnismäßig kurzläufige Waffe mit einem Kaliber zwischen .60 und .70 (15,2 mm und 17,8 mm). Sie war mehr Jagdsportwaffe als Gebrauchswaffe und auf typisch europäische Verhältnisse zugeschnitten. Weder angestellte Forstbeamte noch die Waffenträger adeliger Jagdherren brauchten sie länger als ein paar Stunden zu tragen. Die Entfernungen zu den Jagdrevieren waren kurz und wurden größtenteils zu Pferde oder mit Jagdwagen zurückgelegt. Die Schußentfernungen auf europäisches Reh- und Hirschwild blieben unterhalb von 100 Me-

Links: Feuersteinschloß, 18. Jh.
Typische, reichhaltige Schaftverschneidungen mit Silberdrahteinlagen von Horneffer.

tern, und meistens schoß man aufgelegt vom bequemen Ansitz. Lediglich Trefferpräzision war gefragt. Und hier hatten deutsche Büchsenmacher einen deutlichen Entwicklungsvorsprung vor allen anderen Entwicklungen in der Welt: Sie verwendeten ausschließlich »gezogene« Läufe, das heißt, in die Läufe waren 0,3 bis 0,5 mm tiefe spiralenförmige »Felder« eingeschnitten – meist sieben bis neun im Rechtsdrall –, die von der ursprünglichen Laufwandung nur noch schmale sogenannte »Züge« übrigließen. Diese Züge vollführten vom Laufboden bis zur Mündung ungefähr eine ganze Umdrehung.

Man verwendete beim Laden etwas kaliberkleinere Bleikugeln, die mit einem dünnen, geölten Leinenläppchen als »Schußpflaster« umgeben und mit einem Ladestock in den Lauf gestoßen wurden. Das Leinenpflaster dichtete die Kugel gegen die tieferliegenden Felder so

Geschosse der Deutschen Jägerbüchse.

ab, daß kein Pulvergasdruck an der Kugel vorbeigepreßt werden konnte, sondern der ganze Gasdruck die Kugel aus dem Lauf trieb. Durch die spiralenförmigen Züge erhielt das Geschoß – bevor es den Lauf verließ – eine ganze Umdrehung, die es während seines Fluges beibehielt. Hierdurch ergab sich der Effekt der sogenannten »Drehstabilisierung«, die der Flugbahn des Geschosses die höchstmögliche ballistische Flugstabilität verschaffte. Praktisch bedeutete dies, daß ein solches Geschoß, aus einem solchen Lauf verschossen, eine erheblich präzisere Treffgenauigkeit besaß als etwa ein Geschoß, das aus einem glattwandigen Lauf verschossen wurde. Zudem verursachten Pulverrückstände in glattwandigen Läufen schon nach wenigen Schüssen solch abenteuerliche Treffpunktabweichungen, daß man auf etwa 50 Meter Entfernung schon kein Bierfaß mehr treffen konnte. Gezogene Läufe jedoch reinigten sich durch die Verwendung der Schußpflaster ständig selbst, so daß die Trefferleistung praktisch auch bei vielen hintereinander abgegebenen Schüssen stets gleich blieb.

Kein Wunder also, daß die amerikanischen Wildnis-Squatter, Trapper und Jäger, deren Leben und Jagdglück in den unermeßlichen Wäldern der Appalachen-Bergregionen sehr oft von einem einzigen präzisen Treffer abhing, die deutsche Jäger-Präzisionsbüchse allen anderen Gewehren vorzogen.

Pennsylvania-Rifle

Zwischen 1725 und 1775 entwickelten deutschstämmige Büchsenmacher, die sich hauptsächlich im Lancaster County Pennsylvanias angesiedelt hatten, aus der deutschen Jägerbüchse ein Gewehr, das den Erfordernissen der Waldläufer ideal angepaßt war: Diese sogenannte »Pennsylvania-Rifle« mußte für Grenzer, Squatter und Waldjäger, die alle Fußgänger waren, so leicht sein, daß man sie mühelos viele Wochen und Monate stundenlang täglich tragen konnte. Sie mußte in der Bedienung einfach, im Schloßmechanismus robust und leicht zu reparieren sein. Man mußte sie leicht und vor allem schnell laden können. Ihre Schußleistung sollte auch auf weite Entfernungen möglichst präzise sein, das Kaliber so klein – oder gerade noch so groß –, daß man damit mittleres Wild strecken und Indianer sicher töten konnte.

Etwa 600 Büchsenmacher mit unverwechselbar deutschen Namen verlängerten den Lauf der Jägerbüchse von 28 auf 40 bis 50 Zoll (von 71 auf 101 bis 127 cm), verringerten das Kaliber auf .45 (11,4 mm), machten den Schaft um fast die Hälfte schlanker und schäfteten den Lauf bis an die Mündung, um ihn vor Beschädigungen zu schützen. Diese »Pennsylvania-Long-Rifle« war nun nur noch 4,5 bis 5,5 Pfund schwer, sie schoß noch präziser als die Jägerbüchse, und ein Waldläufer hatte mit dem gleichen Gewicht an Pulver und Blei beinahe sechsmal so viele Schüsse zur Verfügung. Auf 150 bis 200 Meter Entfernung ein Stück Wild oder einen Indianer mit absoluter Sicherheit zu treffen, das war zu dieser Zeit eine Sensation. Ein Waldläufer, der ein Pfund Pulver und fünf Pfund Bleikugeln mit sich trug und die im Schaft eingelassene »Patchbox« voller mit Hirschfett getränkter Schußpflaster (Patches) hatte, konnte drei bis vier Monate in den Wäldern bleiben, jagen und sich aller Angriffe feindlicher Indianer erwehren. Die hohe Reichweite seiner Long-

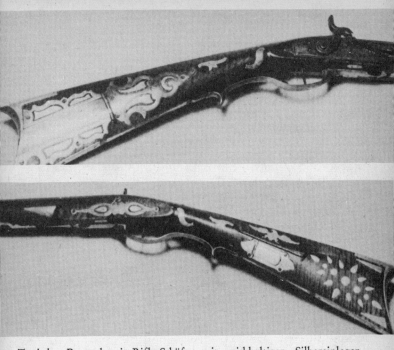

Typische Pennsylvania-Rifle-Schäfte mit reichhaltigen Silbereinlagen. Oben: mit »Patchbox«; unten: mit »Cap-Box«, hergestellt von Jonathan Dunmeyer.

Rifle erlaubte es ihm, Feinde weit außerhalb der Bogenschußweite zu beschießen.

Die Jahre 1725 bis 1775 wurden zur goldenen Ära der Pennsylvania-Rifle, die den frühen amerikanischen Waldläufern legendären Ruhm als Scharfschützen eintrug.

Als die Engländer während des britisch-französischen Krieges um Kanada 1759 Pennsylvania-Grenzer als sogenannte »Schock-Brigade« gegen französisch-indianische Truppen einsetzten, erzielten die in Waldläufermanier kämpfenden Pennsylvanier durchschlagende Siege. Die regulären englischen Truppen konnten so beinahe unbehelligt hinter den in überstürzter Flucht und mit geradezu grotesken Verlusten sich zurückziehenden Feinden bis vor Quebec ziehen.

Trotz der überwältigenden Überlegenheit der amerikanischen Long-Rifle weigerten sich die Briten, dieses erste uramerikanische Waffenprodukt als überlegen anzuerkennen. Im Unabhängigkeitskrieg sollte sich dieser koloniale Hochmut als verhängnisvoll erweisen. Kurz vor Beginn des Krieges schrieb der Büchsenmacher Jacob Zimmermann an den »London Chronicle«:

»Diese Provinz hat 1000 Gewehrschützen aufgestellt, von denen der schlechteste noch auf 150 oder 200 Yards (135 bis 180 m) eine Gewehrkugel in eines Mannes Kopf schießen wird. Deshalb wäre es gut, wenn Sie Ihren Offizieren, die nach Amerika kommen werden, empfehlen würden, vorher ihre Erbangelegenheiten in Ordnung zu bringen.«

Die amerikanischen Truppen bestanden zum größten Teil aus erfahrenen Waldjägern und Indianerkämpfern, die es gelernt hatten, keinen Schuß zu verschwenden und einem Feind sowenig Ziel als möglich zu bieten. Die Engländer kämpften in der damals üblichen Schlachtfeldordnung: In geschlossener, ungedeckter Vormarschformation traten sie an, eine Reihe kniend, eine Reihe dahinter stehend, und feuerten. Als George Washington diesen Kriegsbrauch auch einführen wollte, erklärte ein erfahrener Waldläufer: »Was denn? Sind wir vielleicht übergeschnappt? Einfach als stehende, kniende und liegende Zielscheiben auf einem Fleck zu bleiben. Wir werden kämpfen, wie *wir* es verstehen!«

Der Treffgenauigkeit der Long-Rifles, der Treffsicherheit der erfahrenen Scharfschützen und der absolut neuen Taktik, durch die man die Amerikaner niemals länger als Sekundenbruchteile zu sehen bekam, waren die englischen Truppen nicht gewachsen. Der Krieg endete 1785 mit ungeheuren englischen Verlusten. Amerikanische Long-Rifles und die indianische Guerilla-Kampftaktik hatten den 13 Kolonien die politische Unabhängigkeit beschert.

Kentucky-Rifle

Etwa in der Mitte des 18. Jahrhunderts hatte jeder der zahllosen deutschstämmigen Büchsenmacher Pennsylvanias seinen eigenen »Long-Rifle-Stil« entwickelt, den man an der Form der stromlinienförmigen Schäfte, hauptsächlich aber an den reichen ornamentalen Messingbeschlägen erkennen konnte. Die verschiedenen Countys entwickelten bald ein eigenes Design für Schaftkappen, Patch-

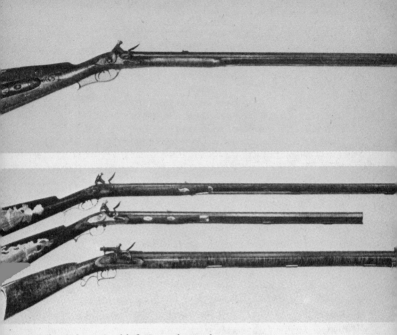

Amerikanische Steinschloß-Kentucky-Büchse von 1737.
Drei unsignierte Exemplare der Kentucky-Rifle, Baujahr 1825–1835.

boxes, Abzugsbögen, Schaftriegel, Schaftverschneidungen und Gravuren. Es war, als wolle ein Büchsenmacher den anderen in Kunstfertigkeit und Auswahl kostbarer Wurzelmaserhölzer übertreffen. Tausende von Pennsylvania-Long-Rifles wurden hergestellt, aber keine war der anderen gleich.

1771 kehrte Daniel Boone (der von Fenimore Cooper heroisch verewigte »Lederstrumpf«) von einem zweijährigen Streifzug durch mysteriöses Territorium westlich des Cumberland-Grabens und südlich des Ohio-Flusses zurück, das allgemein als »die blutigen und dunklen Gründe Kentuckys« bekannt war. Seine enthusiastischen Berichte elektrisierten die Amerikaner, und noch im gleichen Jahr brachen endlose Züge von Pionieren aus Pennsylvania, Virginia und Carolina nach Westen auf. Die Mehrheit dieser Siedler waren

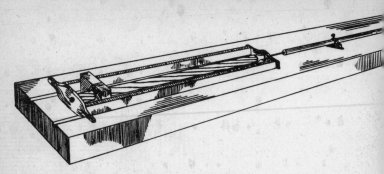

Mit diesem Gerät stellten deutschstämmige Büchsenmacher in Pennsylvania im 18. Jahrhundert gezogene Läufe her.

Schotten und Iren, die vom Waldleben und der Bevormundung durch Puritaner, Quäker und südliche Konservative genug hatten.

Vom ersten Tage an, da diese »Kentuckier« die Appalachen hinter sich ließen und die weiten, ebenen Blaugrasregionen betraten, sahen sie sich dem erbittertesten Widerstand von Indianern gegenüber, den Amerikaner je erlebt hatten. Die kommenden Jahrzehnte waren von ununterbrochenem Kampf geprägt. Gewehre wurden unentbehrlicher als Hüte und Hosen. Die Schlacht am Blue Lick und die Belagerung von Boonesborough waren nur zwei dieser zahllosen blutigen Auseinandersetzungen. Die Kentuckier hatten nunmehr wenig Verwendung für die Pennsylvania-Rifles. Sie ritten auf Pferden und Maultieren. Sie jagten Großwild wie Büffel, Elch und Grizzly. Sie stellten neue Ansprüche an lebensrettende Gewehre. Die Büchsenmacher in Pennsylvania beeilten sich, die Läufe schwerer und kürzer zu machen, die Kaliber zu vergrößern, die Schlosse noch einfacher zu gestalten und alle Ornamente wegzulassen.

Bald wurde das Reparaturgeschäft noch wichtiger als die Herstellung, weil Eisen und Stahl in Kentucky knapp wurden. In zahllosen kleinen provisorischen Schmelzöfen schmolzen die den Pionieren auf dem Fuße folgenden Büchsenmacher Eisen zur Laufherstellung. Sie schmiedeten Axt-, Messer- und Sägeschneiden zu Federn und Hähnen um. Man vereinfachte die Schloßmechanismen zu einer solchen Perfektion, daß Defekte selbst am Lagerfeuer rasch mit primitivsten Mitteln wieder beseitigt werden konnten.

In wenigen Jahrzehnten gewann die vollständig geschäftete »Kentucky-Rifle« einen geradezu legendären Ruhm. Diese Stein-

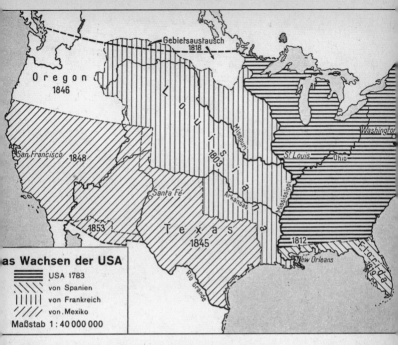

Die Entstehung der Vereinigten Staaten von Amerika.

schloßwaffe hatte wesentlichen Anteil daran, daß das »Indianerproblem« in Kentucky, Tennessee und Ohio verhältnismäßig rasch »gelöst« wurde. Anschließend machte die Besiedlung dieser Gebiete solch rasche Fortschritte, daß sich eine neue Westwanderer-Welle in Richtung Missouri-Mississippi zu bewegen begann.

1803 erwarben die USA von Frankreich Louisiana zum Spottpreis von 60 Millionen Franken. Das waren 2 119 680 Quadratkilometer Wildnis westlich des Missouri-Mississippi, also mehr als die Hälfte des gesamten Präriegürtels und der nordwestlichen Rocky Mountains vom mexikanischen Golf bis nach Kanada hinein.

Im gleichen Jahr brach die Lewis & Clark Expedition mit Schiffen von St. Louis auf, um missouriaufwärts quer durch den Kontinent eine Nordwestpassage zum Pazifischen Ozean zu finden. 1805 kehrte die Expedition in die USA mit der größten Sensation des neuen Jahrhunderts zurück: Sie hatte die Nordwestpassage gefun-

»Tomahawk and Long-Rifle«
Zeitgenössisches Gemälde von W. H. D. Koerner.

den und – so ganz nebenbei – Millionen und Abermillionen Biber!

In einer Zeit, da Biberpelze zu den kostbarsten der Welt gehörten, elektrisierten solche Berichte nicht nur die Trapper und Waldläufer der Appalachen-Bergregionen (dort war das kostbare Nagetier bereits nahezu ausgerottet), sondern auch große Handelshäuser und Kapitalmanager, die sich auf der Stelle vornahmen, diesen unermeßlichen Naturschatz auszubeuten.

Auf diese Weise gelangten Tausende von Kentucky-Rifles zu den Indianerstämmen im Westen, und Tausende wurden von den nach Westen wandernden Pioniermassen gekauft, die sich am Missouri stauten, um allmählich den Marsch in die unbekannte Wildnis jenseits des »Vaters aller Ströme« zu wagen.

Plains-Rifle

Für die ersten freien Trapper und Pelzhändler begann der Marsch nach Westen mit Segelbooten auf dem Missouri, dem man bis tief ins heutige Wyoming und Montana folgte. Von hier aus ritt man mit Pferde- und Maultierkarawanen tief in die Wildnis hinein. Solche Reisen dauerten gewöhnlich ein Jahr. Während dieses langen Jahres mußte der Jäger unbedingt auf die Verläßlichkeit und Robustheit seiner Waffe rechnen können. Der nächste Büchsenmacher war oft Tausende von Meilen entfernt, und von der Zuverlässigkeit der Waffe hing sein Leben ab.

Die zurückkehrenden Pelzjäger stellten wieder neue Anforderungen an Gewehre, die für die extrem harten Beanspruchungen der »Plains« (große Steppengebiete zwischen dem Missouri und den Rocky Mountains) taugen sollten. Und die Büchsenmacher in St. Louis erfüllten sie. Der junge Trapper Oliver Wiggins, der 1812 mit einer Bootsladung voll Biberpelzen zurückkehrte, hinterließ für Jake Hawken, einen 29jährigen Büchsenmacher aus Maryland, der in einem St.-Louis-Büchsenmachergeschäft arbeitete, seine Kentucky-Rifle und Wünsche für eine neue »Plains-Rifle«:

»Der Lauf soll 38 Inches (96,5 cm) lang sein, das Material weiches Eisen, nicht Stahl, denn Eisen verträgt besser verschiedene Pulverladungen, und die Trefferleistung ist viel besser. Der Lauf soll achtkantig sein und außen ein Inch (2,54 cm) messen, das Kaliber .53 (13,5 mm). Ein halber, sehr kräftiger Vorderschaft genügt, wenn er mit zwei flachen Schaftriegeln am Lauf befestigt ist. Die Visierung: eine tiefe V-Kimme und versilbertes Spatenblattkorn im Kupferkornsattel. Schaftkappe eiförmig gekrümmt, 1,5 Inches (3,8 cm) breit. Wichtig ist ein starkes, einfaches Ashmoreschloß mit Messingabzugsbügel. Und noch etwas: Es ist wichtig, daß der Drall der Züge nicht zu eng, sondern weit ist, etwa eine dreiviertel Umdrehung bis zur Mündung, mehr nicht. Das erlaubt große Pulverladungen, ergibt eine sehr flache Geschoßbahn bis 250 Yards, einen sehr engen Streukreis und dennoch geringen Rückschlag. Solch ein Lauf kann so gut wie nicht ausgeschossen werden und hält viel mehr Schüsse aus als andere. Ich will das beste Gewehr der Plains haben und zahle jeden Preis dafür. Sie haben drei Wochen Zeit.«

Oliver Wiggins erhielt seine Plains-Rifle, die erste schwere »Hawken-Büchse« (9,5 Pfund) mit Steinschloß, die er wegen ihrer – für damalige Verhältnisse – phantastischen Schußleistung bis 1860 behielt und mit der er »nicht eine einzige Kugel verschwendete«.

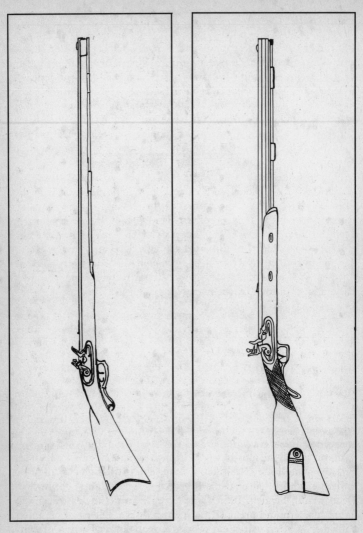

Die Plains-Rifle. Links: Typische Southern Mountain-Rifle mit Nußbaumvollschaft und Eisenbeschlägen. Rechts: Tatham Indian-Rifle in schwerem Kaliber .74.

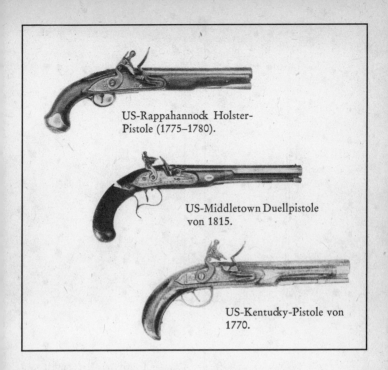

US-Rappahannock Holster-Pistole (1775–1780).

US-Middletown Duellpistole von 1815.

US-Kentucky-Pistole von 1770.

Pistolen

Als 1775 die amerikanischen Kolonisten mit ihren Präzisions-Pennsylvania-Rifles gegen die Engländer für Unabhängigkeit marschierten, besaßen ihre Kavallerien und Offiziere keine Langwaffen, sondern nur Säbel und einschüssige Pistolen. Selten hat eine Streitmacht eine abenteuerlichere Vielfalt an Handfeuerwaffen gesehen. Da gab es hauptsächlich europäische Pistolen aus England, Frankreich, Deutschland, Belgien, Italien und Spanien mit Rad- und Schnapphahnschlössern und preußischen Steinschlössern. Die einzigen amerikanischen Waffen waren ein paar »Rappahannock Forge-Pistolen«, die von den Hunter Eisenwerken in Falmouth, Virginia, hergestellt wurden. Die Pistole war 38 cm lang, hatte einen 22,9 cm langen, glatten, runden Lauf mit dem Kaliber .69 (17,5 mm).

Ab 1800 wendeten sich zahllose amerikanische Fabriken und

Duell zwischen Andrew Jackson und Charles Dickinson (der gerade von Jacksons Kugel in den Kopf getroffen wird).

Büchsenmacher der Herstellung von Pistolen zu, die nur in unwesentlichen Details voneinander variierten. Viele dieser von North & Cheney Berlin, Harpers Ferry, Springfield, B. Evans Valley Forge, R. Johnson, A. H. Waters & Co., H. Aston und Palmetto Armory zwischen 1799 und 1830 hergestellten Steinschloßpistolen wurden mit dem US-Stempel versehen und an die US-Armee geliefert. Die meisten aber kamen auf den zivilen Markt. Manches Duell vor Stadtgrenzen oder in einem Saloon über den Billardtisch hinweg wurde mit diesen Steinschloßpistolen ausgetragen. Die Büchsenmacher von Pennsylvania stellten nur sehr wenige sogenannte »Kentucky-Pistolen« her, häufig mit achtkantigen, schweren Messingläufen, glattem Innenrohrprofil und Kaliber .44 oder .48 (11,1 oder 12,1 mm).

»Über eine Pferderennwette tauschten Charles Dickinson und Generalmajor Andrew Jackson (›Old Hickory‹) Beleidigungen aus, bis Jackson schließlich Dickinson herausforderte. Beide Männer waren außergewöhnlich gute Schützen. Die Distanz betrug acht Meter. Als das Kommando ertönte, schoß Dickinson und rief: ›Großer Gott, habe ich ihn verfehlt?‹, denn Old Hickory zeigte keine Reaktion. Kühl hob er die Pistole, zielte und drückte ab. Aber der Feuerstein zündete nicht genügend Funken, um das Pulver zu entflammen. Er spannte den Hahn erneut, zielte und schoß Dickinson in die Brust. Er starb zwei Stunden später. Das Opfer erfuhr nie, daß seine Kugel Jacksons Brustbein und zwei Rippen zerschmettert hatte. Trotzdem wurde er 1830 siebter Präsident der USA.«
Robert Elman: Fired in Anger, S. 71

Die Pioniere im Westen hatten wenig Verständnis für »sinnlosen Ehrenhändel«. Sie verschmähten Pistolen und vertrauten ihren schweren Plains-Büchsen, die ihnen »näher waren als die Unterwäsche«. Van Tramp berichtet von einer Fahrt mit Kielbootsmännern über den Ohio:

»Die Büchse war stets in ihrer Griffnähe, egal, was immer sie auch taten. Tauchte plötzlich am Ufer ein Hirsch auf oder schwamm irgendwo ein Bär im Wasser, so wurden sie mit unfehlbarer Sicherheit gefällt. Ihr Hauptamüsement bestand darin, jemand auf weite Entfernung eine Pfeife aus dem Mund zu schießen oder einem den Becher mit Whisky vom Knie wegzublasen.«
John C. Van Tramp: Prairie & Rocky Mountains, S. 96–97

Washington Irving sagt über die Wachsamkeit einer Gruppe von Trappern, mit denen er bei den Wind River Mountains kampierte:

»In diesen gefährlichen Zeiten ist der Trapper nie ohne seine Büchse, er hat sie selbst im Camp stets in Reichweite und schußbereit. Wenn er von Zelt zu Zelt geht, um seine Gefährten zu besuchen, nimmt er sie mit. Setzt er sich an einem Gastfeuer nieder, liegt sie neben ihm. Liebt er eine Indianerin, so ist sie griffbereit. Selbst beim Karten- und Würfelspiel kann er sie in Sekundenschnelle ergreifen. Wohin er auch immer geht, und wenn es nur zwei Schritte sind, so hält er die Büchse in der Hand. Selbst im Schlaf, sei es nun in seiner Decke in der Wildnis oder in einem Fortschlafhaus oder Stadthotel, hält er sie in der Hand, immer bereit, innerhalb eines Augenblicks hellwach sofort zu schießen. Ich kenne kein irdisches Wesen, weder Raubtier noch Weißer, noch Indianer, das solchen Männern gewachsen wäre.«
Washington Irving: The Adventures of Captain Bonneville, S. 288

Perkussionswaffen

»1815 experimentierte Joshua Shaw mit einer Paste aus sogenanntem ›chemischem Knallpulver‹ (Knallquecksilber und Kaliumchlorat), das sich durch einen Schlag oder Stoß (Perkussion) entzünden ließ. Er bewahrte winzige Mengen in kleinen Stahlblechzylindern von 4,8 × 9,5 mm auf. Durch einen Zufall geriet eines dieser Stahlhütchen auf die Spitze eines aufrecht stehenden Bleistifts, und durch einen weiteren Zufall erhielt der Hütchenboden einen harten Stoß. Es gab eine kleine Explosion, der Bleistift war zerschmettert, die Bruchstücke angebrannt. Das war die Geburtsstunde des Zündhütchens. Shaw hatte augenblicklich die Idee, einen kleinen zylindrischen Stahlpiston mit Gewinde in einen Gewehrlauf zu schrauben. Er leitete die Explosionsflamme eines durch einen Schlag entzündeten Zündhütchens durch die Pistonbohrung in die Pulverkammer des Laufs, wodurch die Pulvertreibladung entzündet wurde. Noch im gleichen Jahr machte er Zündhütchen aus Hartzinn, 1816 dann aus Kupferblech. Das Knallpulver verschloß er mit einer dünnen Zinnscheibe und machte diese mit einem Tropfen Schellack wasserdicht.«
Harold L. Peterson: The Book Of The Gun, S. 122–123

Schlagzündung

Die Eigenschaften chemischen Knallpulvers waren nicht neu, als Joshua Shaw dieser geniale Zufall beschert wurde: 1807 hatte der schottische Geistliche Alexander Forsyth Kaliumchloratpulver dazu verwendet, es in einem parfümfläschchenähnlichen Stahlbehälter durch Schlag zur Explosion zu bringen und damit eine Pulverladung zu entzünden. Hieraus entstand das sogenannte »Scentbottle-Schloß«, das aber schon wieder überholt war, ehe mehr als ein paar Dutzend Waffen hergestellt waren. Der englische Büchsenmacher Joseph Manton rollte das hochexplosive Knallpulver zu kleinen Pillen, die er in Röhrchen mit einem Schlagbolzen entzündete. Aber auch die wurden sehr schnell von verbesserten »Zündröhrchenschlössern« abgelöst, und diese wieder – nun endgültig – vom »Shawschen Kupferzündhütchen«.

Für die amerikanischen Pioniere bedeutete die Erfindung der »Schlagzündung« mit wasserdichten Zündhütchen (percussion caps)

Zündpillen-Perkussionsschloß von Forsyth, 1815.

Isaac Rivieres Gewehrschloß.
Nach einem englischen
Patent von 1825.

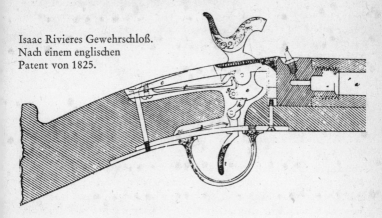

die schlagartige Beseitigung gewaltiger Nachteile, denen sie durch die Steinschlösser bisher ausgesetzt waren:

Die Pulverpfannen waren niemals wasserdicht. Schon geringe Luftfeuchtigkeit genügte, um das Zündpulver nach wenigen Stunden feucht und damit unbrauchbar zu machen. Im Regen war Schießen gar völlig unmöglich, und bei stürmischem Wetter blies der Wind das Pulver von der Pfanne, bevor die Feuersteinfunken es entzünden konnten. Die Feuersteinschneide mußte außerdem stets

Die ersten Weißen waren Franzosen, Waldläufer, die mit den Indianern in Frieden und Freundschaft lebten.

scharfkantig gehalten werden, damit sie genügend große Funken erzeugte. Aber selbst wenn alle Voraussetzungen ideal waren, gab es bei Feuersteinschlössern durchschnittlich 15 Prozent Versager, was sich unter ungünstigen Bedingungen bis zur völligen Unbrauchbarkeit steigern konnte.

Zündhütchen waren absolut unabhängig von Wetter und Feuchtigkeit. Sie funktionierten selbst in strömendem Regen. Die Versagerquote war mit 0,4 Prozent verschwindend gering. Wenn ein gut gefettetes Schußpflaster den Raum zwischen Laufwand und Geschoß abdichtete, konnte man die schußbereite Waffe sogar tagelang ins Wasser legen – sie funktionierte beim ersten Schuß. Zudem fiel beim Zündhütchen die lange Schußverzögerung von einer halben Sekunde zwischen Hahnabschlag und Brechen des Schusses weg, weil die außergewöhnlich starke Zündflamme des Knallpulvers die Pulverladung auf einmal entzündete. Dies machte es außerdem möglich, daß man Pulverladung und Geschoß in einer Papierpatrone (das Papier war mit Salpeterlösung getränkt und getrocknet) vereinigte. Das vereinfachte auch das Laden.

Hawken-Rifle

Unter den ersten amerikanischen Büchsenmachern, die das neue Zündungsprinzip verwendeten, waren die Gebrüder Jake und Sam Hawkens in St. Louis am Missouri. Sie verschafften der Perkussions-Plains-Rifle einen solchen Ruhm, daß das Wort »Hawken« im Westen schließlich generell für jede schwere Vorderladerbüchse von hervorragender Präzision und Robustheit verwendet wurde. Die »Hawken-Rifle« selbst aber, die nunmehr unter den »Hawkens« eine absolute Spitzenstellung einnahm, wurde als »Mountain-Rifle« zur begehrtesten Waffe der Pelzjäger-Ära.

Jedes Jahr drangen mehr und mehr Abenteurer aus Kentucky und Tennessee durch die Prärien zu den Felsengebirgstälern vor, um an der Biberpelzernte teilzunehmen. Wenn sie nach St. Louis zurückkehrten, um sich zu amüsieren und neue Ausrüstungen zu kaufen, mußte Jake Hawkens manche Long-Rifle kürzen und modifizieren. Aber allmählich rüsteten sich alle Pelzhändler mit Hawken-Rifles aus. Als erste Pelzhandelsgesellschaft bewaffnete die Missouri Fur Company alle ihre Männer mit Hawken-Büchsen. 1822 organisierte General William H. Ashley als Manager der Rocky Mountain Fur Company das sogenannte »Trappers Rendezvous System«, Tauschhandelssupermärkte mitten in den Rocky Mountains am Green River. Alles, was die Trapper der großen Gesellschaften und die zahllosen freien Trapper an Nachschub brauchten, schaffte er mit Wagenkolonnen weit nach Westen und tauschte es gegen die Pelze. Diese Jahrmärkte in der Wildnis entwickelten sich zu tagelangen Gelagen der Trapper und Indianer, die viele tausend Meilen herbeiritten, um Felle und Häute gegen Pulver, Blei, Gewehre, Zucker und Tabak zu tauschen.

Während dieser abenteuerlichen Zeit wurden von einzelnen »Mountain-Men« die wesentlichsten Entdeckungen gemacht, die wenig später den nach Kalifornien und Oregon fahrenden Westwanderern zugute kommen sollten. 1832 erschienen die Trapperkolonnen von John Jacob Astors American Fur Company im We-

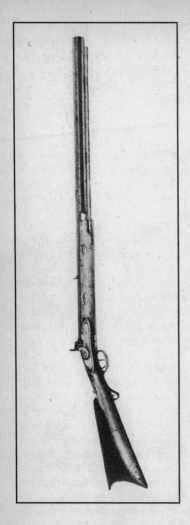
Hawken-Rifle von Jim Bridger.

sten, und ein erbitterter Konkurrenzkampf entbrannte zwischen den einzelnen Handelsgesellschaften, den Astor schließlich mit viel Geschick, Pulver und Blei für sich entschied. Aber acht Jahre später war alles zu Ende: Die Rocky Mountains hatten kaum noch Biber, und die Weltmode hatte sich der Chinaseide zugewandt.

Wer waren diese »Mountain-Men«, die in wenigen Jahren gelernt hatten, in der Wildnis nicht nur zu überleben, sondern sogar ein Teil von ihr zu werden? Jedediah Strong Smith, die Gebrüder Sublette, Joe Meek, Jim Baker, Lucien Fontanelle, Etienne Provost, Tom Fitzpatrick, Jacob Wetzel, Joseph LaBarge, Nathaniel J. Wyeth, Jim Beckwith, Jim Bridger und Kit Carson waren Weiße, die in nur wenigen Jahren Fähigkeiten entwickelten, die der vollkommenen Anpassung der Indianer an die Natur nicht nur gleichkamen, sondern ihr sogar noch überlegen waren. Sie lebten mit Indianern, kämpften gegen zahlenmäßig überlegene Angreifer, erlernten das Überleben in der Sonnenglut wasserloser Wüsten, in den Schnee- und Eisregionen der Rocky Mountains. Sie trotzten Wirbelstürmen und Wolkenbrüchen ebenso wie den Angriffen von Grislys, Pumas und Wölfen. Sie lernten es, die Zeichen der Natur zu lesen und zu verstehen, waren härter, stärker und ausdauernder als Indianer und kämpften mit einer Wildheit, die selbst Sioux und Crows erschreckte. Sie trieben nicht nur Pelztauschhandel mit den Eingeborenen, sondern jagten alles Wild mit einer Vollkommenheit, die Indianer nie gekannt hatten. Sie legten phantastische Entfernungen zurück und überstanden Entbehrungen, die kein Indianer ausgehalten hätte. Sie waren kompromißlos bis zur Selbstaufgabe: amputierten mit Messern Arme und Beine, wenn es notwendig war, tranken das Blut von Pferden und Maultieren, wenn der Durst sie zu töten drohte. Sie aßen das Fleisch toter Kameraden, wenn es kein anderes gab. Sie entdeckten neue Wege nach Westen, gründeten Handelsforts und Siedlungen und lieferten Berichte über das Land, die Pflanzen- und Tierwelt und die Indianer, die es nachfolgenden Generationen erst ermöglichten, dieses Amerika in Besitz zu nehmen.

So hoch auch der Blutzoll und die Verluste waren, die diese Mountain-Men erlitten, die Indianer waren ihnen ebensowenig gewachsen wie Wölfe, Klapperschlangen und Büffel.

Die Anforderungen dieser Männer an Feuerwaffen waren die höchsten, die überhaupt an Waffen gestellt werden konnten. Die zahllosen privaten Büchsenmacher in Pennsylvania und am Missouri erfüllten sie sofort und hatten in den Trappern die denkbar besten Tester, die es überhaupt geben konnte.

Als die große Biberjagd um 1842 endgültig zu Ende war, blieb ein Teil der Mountain-Men bei den Indianern, andere gründeten an den großen Überlandwegen Handelsposten, und die übrigen dienten Regierungsexpeditionen als »Scouts«.

Konversionen

Bereits ein Jahr nach der Einführung der Perkussionszündung entwickelten zahlreiche Büchsenmacher im Westen Methoden, Steinschloßwaffen in Perkussionswaffen umzubauen. Die meisten dieser Änderungen waren verhältnismäßig einfach und schnell zu bewerkstelligen: Man montierte die Batterie ab, bohrte ein Gewinde in den Zündkanal des Laufs, schraubte einen Perkussionspiston hinein und ersetzte den Steinschloßhahn durch einen Perkussionsschlaghahn. Viele Steinschloßbüchsen wurden auf diese Weise umgebaut.

Die amerikanische Armee mußte noch lange auf die neuen, besseren Waffen warten. Für einen einzelnen Jäger war es kein Problem, sich jeweils mit dem neuesten Gewehr zu versehen. Es war eine Frage von zwanzig bis dreißig Dollar. Für die Armee aber hätte die Verwendung der jeweils besten Waffen praktisch bedeutet, daß bei der Schnelligkeit der nun einsetzenden Entwicklung, in der nun fast jährlich Verbesserungen auf den Markt kamen, eine totale Umbewaffnung alle fünf Jahre fällig gewesen wäre. Solche Kosten konnte kein Staat verkraften. Aus diesem Grunde erhielt die US-Armee Perkussionsgewehre erst ab 1841 (Harpers-Ferries). Der Umbau alter Steinschloßmusketen in Perkussionszündung, der schubweise bis dahin von den Armee-Zulieferern Harpers-Ferry und Springfield-Armory vorgenommen wurde, blieb bescheiden.

So zeichnete sich in den USA eine Entwicklung ab, die zukunftsweisend werden sollte: Stets war die Bewaffnung der Armee der zivilen Bewaffnung nicht nur bedeutend unterlegen, sondern sie hinkte, was moderne Weiterentwicklung der Systeme betraf, ständig hinter der Modernität ziviler Bewaffnung her. Das bedeutete, daß die Indianer durch Tauschhandel oder Überfälle beinahe ohne Verzögerung in den Besitz jeweils neuester Waffen kamen, während die US-Armee gegen sie stets mit veralteten Waffen antreten mußte.

Indian-Rifles

Einer der ersten Pistolenbüchsenmacher, der das Perkussionszündsystem für Handfeuerwaffen verwendete, war Henry Deringer Junior. Drei Jahrzehnte lang, zwischen 1812 und 1842, lieferte er aufgrund umfangreicher Regierungslieferverträge an die zivilisierten Völker der Cherokees, Choctaws, Chickasaws, Creeks und Seminolen insgesamt 30 000 Büchsen, teils mit Stein-, teils mit Perkus-

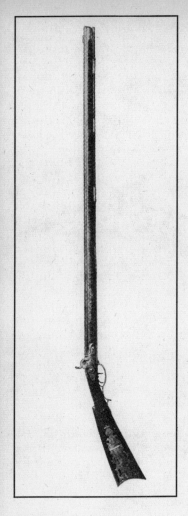

Deringer-Rifle von 1832.

sionsschlössern. Henry Deringer schrieb 1833 an den Generalkommissar der US-Armee:

»Ich kann Ihnen versichern, daß die Indianer niemals bessere Büchsen erhalten haben und daß sie von derselben Qualität sind wie alle Büchsen, die die Regierungsarsenale erhalten...«

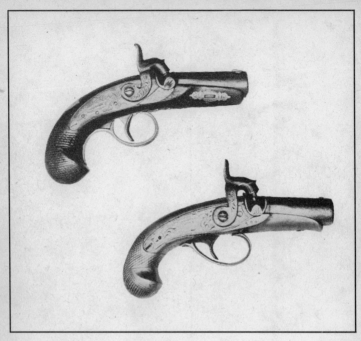

Besonders schöne Original-Deringers mit Messingrahmen.

Philadelphia-Deringer

Deringers Vater stammte aus Thüringen und hatte in den USA seinen Familiennamen von »Döringer« über »Doeringer« in »Deringer« geändert. Zunächst widmete sich Deringer der Herstellung feiner Duellpistolen, die allgemein Läufe von 23 cm Länge und das Kaliber .41 (10,4 mm) besaßen. Weltweit berühmt wurde er aber durch seine Taschenpistolenmodelle (Vest-Pocket-Pistols), die in den Zeiten des allgemeinen Aufbruchs nach Westen und des Faustrechts einem großen Bedürfnis nach wirkungsvoller Selbstverteidigung entgegenkamen. Diese typische »Pennsylvania-Deringer«-Pistole war eine kleine, aber auf geringe Entfernung sehr gefährliche Waffe. Die Maße dieser Pistolen – Gewicht 6 bis 12 Unzen (170 bis 340 g), Lauflängen 1,5 bis 6 Inches (3,8 bis 15,2 cm), Kaliber .31 bis .55

Westwanderer mit Planwagen im Jahre 1846 in Denver, Colorado.

(7,9 bis 14 mm) – und die Tatsache, daß sie aus 22 praktisch unverwüstlichen Teilen bestand, machte den »Deringer« in wenigen Jahren zur berühmtesten Nahverteidigungspistole. Sehr bald nannte man sämtliche Taschenpistolen, gleich, ob sie ein- oder mehrschüssig, Vorderlader, Hinterlader oder Patronenwaffen waren, einfach »Derringer« und die echte Original-Deringer einen »Deringer-Derringer«.

Die Trapper und Mountain-Men hatten die großen Überlandwege nach Oregon, Kalifornien und Santa Fé entdeckt, die Wildnis erforscht und neue Verhaltensweisen entwickelt, die es Menschen erlaubten, sie unbeschadet zu durchqueren. Von ihnen stammten ausführliche karthographische Berichte über Steppen- und Wüstendurchquerungen, Flußläufe und Pässe. Sie fertigten Studien über die nomadischen Indianerstämme, sie hatten Handelsposten angelegt und alle diese Entdeckungen mit unsäglichem Schweiß und Blut bezahlt. Trotzdem nahmen sie das, was sie entdeckt hatten, nicht in Besitz.

Durch ihre Schilderungen von Oregon als einem »paradiesischen Elysium« zwischen Bergen und Pazifischem Ozean wurden Tausende von Amerikanern animiert, nach Westen aufzubrechen, um ein neues Leben zu beginnen. 1842 machten sich etwa hundert Westwanderer mit Planwagen auf den Weg. 1844 waren es schon 1400, und innerhalb von zehn Jahren wurden es Hunderttausende, die in endlosen Planwagenzügen den wilden Kontinent durchquerten. Sie wanderten durch die brütende Sommerhitze, in der 50 Grad Celsius im Schatten keine Seltenheit waren, durchquerten baumlose Prärien und die erste himmelhohe Bergkette der Rocky Mountains, drangen in Wüsten ein, in denen es nur giftiges Alkaliwasser und Salzseen gab. Von haushohen Wolken feinen Staubes, von Tornados, Zyklonen, Wolkenbrüchen und elektrischen Gewittern geplagt und geschunden, von Indianern, Wölfen, Klapperschlangen, Pumas und panisch dahinstürmenden Büffelherden bedroht, erreichten sie nach vielen Monaten Fahrt die zweite Bergkette. Dort gerieten sie in Schneestürme und mußten vereiste Pässe überqueren. Und dann lag, nach 3200 Kilometern Hölle auf Erden, das Paradies Oregon vor ihnen. Aus Menschen, die zehn Monate vorher am Missouri noch kaum gewußt hatten, wo bei einer Feuerwaffe vorne oder hinten war, waren Meisterschützen geworden, die ihre Vorderladerbüchsen und Pistolen im Dunkeln luden und es gelernt hatten, blitzschnell und zielsicher zu treffen. Die Zahl der Opfer, die neben gebrochenen Wagenachsen am Weg begraben wurden, betrug in den ersten Jahren häufig mehr als 50 Prozent. Die Waffen der Westwanderer stammten, sofern es sich nicht um Jagdgewehre und Duellpistolen handelte, größtenteils aus Armeebeständen. Es waren Harpers-Ferries und Springfield-Musketen mit glatten Läufen, die um 1842 von der US-Armee vom Steinschloß auf Perkussionszündung umgebaut wurden.

Da die Westwanderer aber nicht nur aus den Oststaaten der USA stammten, sondern vielfach auch aus europäischen Ländern, war es das abenteuerlichste Sammelsurium von Feuerwaffen überhaupt, das auf diesen Überlandfahrten in den amerikanischen Westen gelangte. In den harten Monaten eines auf Biegen und Brechen zu bestehenden Kampfes ums blanke Überleben merkten die Westwanderer aber sehr bald, daß europäische Jagd- und Duellwaffen und Armeemusketen gegenüber den Waffen, die erfahrene Trapper und

Die Ermordung Präsident Lincolns am 14. April 1865 im Ford-Theater.

Mountain-Men verwendeten, hoffnungslos untauglich waren. Sie wurden an Indianer gegen Fleisch und Felle, an Mexikaner gegen Maultiere und Pferde abgegeben, wenn man ihrer nicht mehr bedurfte.

Als James Marshal im Januar 1848 bei der Mühle von Johann Augustus Suter in Kalifornien dicke, schwere Goldnuggets fand, versuchte der Schweizer Suter, diese alarmierende Neuigkeit geheimzuhalten. Es wäre ihm eher gelungen, einen Hurrikan aufzuhalten. Die Neuigkeit von gewaltigen Goldfunden an der Westküste versetzte nicht nur Amerika, sondern die ganze Welt innerhalb eines Jahres in einen Goldrausch nie dagewesenen Ausmaßes. Schon zwei Jahre später nannte man allgemein die Goldfelder die »Barbarische Küste«. Die Etablierung von Recht und Ordnung blieb für mehr als zehn Jahre eine blanke Illusion. Hemmungslose Habgier und das Faustrecht diktierten die Handlungen der Menschen. Der Deringer wurde zur meistgetragenen und meistverwendeten tödlichen Waffe dieser Zeit. Allein in San Franzisko gab es von 1851 bis 1855 mehr als 1200 Morde, aber nur eine Verurteilung. Die Statistik vermerkt für das Jahr 1855:

405 Morde, ohne getötete Indianer. Von diesen Tötungen waren 46 als Duelltote notiert, 32 waren Morde durch Indianer, 16 Raubmorde, 12 Totschläge über Schürfrechte und 8 Totschläge an Spieltischen.

Das »Army and Navy Journal« vom 10. August 1872 schrieb:

»In den Jahren vor der Vigilanz-Komitee-Ära wurden Tausende der Deringer-Pistolen in dieser neuen Region verkauft. Man hörte den scharfen Knall der Deringers erheblich häufiger als das Kollern von Truthähnen.«

Ein Anwalt aus Vermont schrieb am 20. Juli 1855 an seine Frau:

»Der Geist der Gewalt wächst unaufhörlich. Morde geschehen in der Nacht regelmäßig, und in den Goldfeldern ist Schießen und Sterben an der Tagesordnung. Aber es ist gar nicht so schwer für einen Mann, unbeschadet durchzukommen, wenn er sich nur um seine eigenen Angelegenheiten kümmert, kaltes Wasser trinkt und einen Deringer hat.«
Life, Diary And Letters Of Oscar L. Schafter, S. 165

Viele spektakuläre Morde wurden auf Nahentfernungen mit Deringers verübt. Der aufsehenerregendste Mord geschah zu einer Zeit, da das Perkussionssystem bereits von Randfeuerpatronenwaffen mit mehreren Läufen und von Revolvern abgelöst worden war:

Am 14. April 1865, um 22.15 Uhr, richtete der Schauspieler Wilkes Booth seinen Deringer auf den Kopf des US-Präsidenten Abraham Lincoln, der in der Loge Nr. 7 des Ford-Theaters in Washington saß, und drückte ab.

Perkussionshinterlader

»Während des Bürgerkrieges (1861-1865) fand man auf den Schlachtfeldern regelmäßig Musketen, die geladen waren – und das nicht nur mit einer, sondern mit mehreren Ladungen. Die Erklärung hierfür ist einfach: Es ist ein Unterschied, ob man bei der Jagd aus einer mehr oder weniger sicheren Position auf ein – im allgemeinen wehrloses – Tier zielt und abdrückt oder während der Schlacht auf Soldaten, die zurückschießen. Wenn im ersten Falle eine Pulverladung nicht zündet, so hat man Zeit genug, den Hahn erneut zu spannen und wieder abzudrücken. Man vergißt nicht, daß noch eine Ladung im Lauf ist. Aber unter Todesgefahr und in ständiger Bewegung und Spannung vergißt man leicht, daß eine Ladung nicht gezündet hat, und stopft auf die alte eine neue. So hat man Musketen mit vier und fünf Ladungen gefunden, und mehr als ein schwerer Unfall ist passiert, wenn dann plötzlich die erste Ladung zündete und die anderen Ladungen den Lauf sprengten. Es wurde offensichtlich, daß das Vorderladersystem große Nachteile hatte. Vor allem war es nahezu unmöglich, die umständliche Ladeprozedur liegend vorzunehmen.«
Hank Wieand Bowman: Antique Guns, S. 37-38

An Versuchen, Feuerwaffen von hinten zu laden, hatte es seit der Erfindung des Schwarzpulvers nicht gefehlt. Hinterladerkanonen wurden bereits 1390 gebaut. Heinrich VIII. von England besaß 1537 die ersten beiden Hinterladergewehre, und 1544 baute der italienische Büchsenmacher Giovanni Battista die ersten Hinterladerpistolen. 1704 konstruierte der Franzose Isaac de Chaumette einen Hinterladerverschluß für Armeegewehre. Aber erst 1776 stellte der Schotte James Fergusson of Pitfor den ersten perfekten Steinschloßhinterlader vor, mit dem man auch bei Sturm und im Regen viermal in der Minute zielsicher feuern konnte. Die ersten hundert Exemplare dieser »Fergusson-Muskete« wurden auf britischer Seite im Unabhängigkeitskrieg gegen die rebellierenden amerikanischen Kolonisten eingesetzt. Aber gegen die Guerillatechnik der erfahrenen Grenzer hatten natürlich auch die hessischen Truppen unter General Knyphausen am Brandywine Creek keine Chance. Die hundert Musketiere wurden Mann für Mann von verborgenen Scharfschützen aus ihren offenen Schützenstellungen »herausgepflückt«, so daß der Fergusson-Hinterlader strategisch überhaupt nicht zum Zuge kam und rasch wieder vergessen wurde.

Nach Fergusson konstruierten der Londoner Büchsenmacher Durs Egg und der Italiener Giuseppe Crespi einen Hinterlader. Aber beide Konstruktionen konnten den Verlust von Gasdruck, der für den Schützen gefährlich war, nicht zufriedenstellend lösen.

Hall-Rifle

Dem jungen Yankee aus Maine, John Hancock Hall, der als Schiffsbauer keinerlei Ahnung vom Büchsenmacherhandwerk hatte, gelang 1811 die bahnbrechende Erfindung: Sein Kippverschluß wurde vom hinteren Laufende hochgekippt und besaß ein Lager, das Pulverladung und Geschoß aufnahm. Wenn man nur eine einzige Schraube entfernte, konnte man diesen Verschluß als Pistole benutzen, allerdings nur für den äußersten Notfall und – da der Verschluß keinen Führungslauf besaß – nur für extrem kurze Entfernungen.

1819 übernahm die US-Armee einen großen Posten dieser »Hall-Hinterlader« (mit langen Läufen als Gewehr, mit kurzen als Karabiner), die in der Harpers-Ferry-Waffenfabrik hergestellt wurden. Auch bei der Herstellung erwies sich der Schiffsbauer Hall als technisches Genie: Er konstruierte dampfgetriebene Maschinen mit Transmissionsbändern, die die Einzelteile des Gewehrs – erstmals in der Geschichte des Maschinenbaus – maßgenau herstellten. Das heißt, daß alle Teile des Gewehrs austauschbar waren, weil sie alle exakt die gleichen Abmessungen besaßen.

»Ich dachte schon, daß meine letzte Stunde gekommen sei, als die Mexikaner, bewaffnet bis an die Zähne, mit dem wilden Geschrei: ›Schlagt die Amerikaner tot!‹ in die Bar eindrangen. Ich sprang hinter einen großen umgestürzten Tisch und zog den Verschluß meines Hall-Karabiners aus der Tasche, den ich immer bei mir trug. Der riesige Kerl, der dann mit gezogenem blutigem Säbel vor mir stand, starrte mit großen Augen das Ding in meiner Hand an. Er konnte deutlich die .54er Bleikugel im Pulverlager erkennen und winkte den anderen zu, ruhig zu sein. Die Mexikaner wußten nun, daß einer von ihnen sterben würde, wenn sie mich angriffen – aber scheinbar wollte keiner von ihnen dieser eine sein. Sie verließen das Lokal.«
Sam Chamberlain: My Confession, 1. US-Dragoons

Sharps-Rifle

Christian Sharps, der in der Harpers-Ferry-Waffenfabrik unter der Anleitung des dynamischen John Hancock Hall gelernt hatte, wie eine industrielle Waffenfertigung technisch aufgebaut wird, hielt nichts mehr in der Fabrik, nachdem Hall seinen Posten 1840 aufgab. Er ging nach Cincinnati im Staate Ohio und ließ sich 1848 die Erfindung eines revolutionierenden, sogenannten »Fallblockverschlusses« patentieren, der nicht mehr den Nachteil des Hall-Verschlusses (Gasdruckverlust) hatte und außerordentlich robust war. Der Fallblock aus solidem Stahl bewegte sich in einem soliden rechteckigen Schacht. Ein Unterhebel, der gleichzeitig als Abzugsbügel diente, brachte ihn durch Abwärtsbewegen nach unten. So wurde der Lauf dem Patronenlager zugängig. Sharps verwendete eine sogenannte »Papierpatrone«, die aus Pulverladung, Verdämmungspfropfen und Bleikugel bestand. Beim Aufwärtsbewegen des Unterhebels wurde der scharfkantige Fallblock wieder nach oben geschoben. Dabei schnitt er den Boden der Papierpatrone ab, so daß die Pulverladung nun frei vor dem Zündschacht lag, der durch den Block zu einem Zündpiston auf der Oberseite führte. Frühe Modelle besaßen ein Magazin für Zündplättchen, die selbsttätig beim Abfeuern zwischen Piston und Hahn geschoben wurden. Später wurden im Magazin Zündhütchen verwendet, und bei einer dritten Version erfolgte die Zündung mit einem Zündplättchenband (ähnlich wie bei den heutigen Kinderpistolen), System »Maynard«. So narrensicher war dieses System, so stark der Mechanismus, der stärkste Pulverladungen vertrug, daß die Sharps-Perkussionsgewehre noch weit in die Metallpatronen-Ära hinein verwendet wurden. Für den Priester Henry Ward Beecher aus Brooklyn, der in geheimer Mission nach Kansas ging, um dort Siedlern und Farmern beizustehen, die innenpolitisch für die Abschaffung der Sklaverei eintraten, kamen die schweren Gewehre genau zum richtigen Zeitpunkt: Die New England Emigrant Aid Company hatte ihm 5000 Dollar zur Verfügung gestellt, um damit Bibeln für die von den Anhängern der Sklaverei hart bedrängten Kansas-Farmer zu erstehen. Aber Beecher kaufte von dem Geld keine Bibeln, sondern Sharps-Rifles und Sharps-Karabiner, die er verteilte. Er erklärte öffentlich, »daß in einem dieser Instrumente mehr moralische Überzeugungskraft steckt – was die Sklavenhalter betrifft – als in hundert Bibeln«. Seit diesen Tagen werden im amerikanischen Westen diese frühen Sharps-Karabiner »Beecher-Bibeln« genannt.

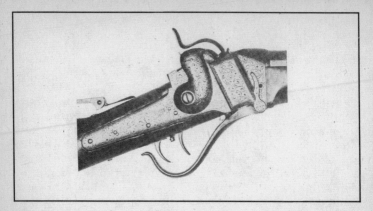

Sharps »Old Reliable« (Verschluß).

1859 unternahmen Anhänger der Antisklaverei-Partei unter ihrem fanatischen Anführer John Brown einen Überfall auf die Harpers-Ferry-Waffenfabrik in Virginia und raubten eine größere Menge Sharps-Karabiner der Modelle 1852 und 1853. Die Räuber wurden gefaßt, John Brown nach einem spektakulären Prozeß in Charleston gehängt. Seitdem nannte man diese beiden Modelle im Westen allgemein »John-Brown-Sharps«.

Während des Bürgerkrieges (1861 bis 1865) gelangten zwar – neben vielen anderen Perkussionshinterladern – viele Sharps-Rifles in den Westen, aber die erfahrenen Scouts blieben bei ihren bewährten Hawken-Vorderladerbüchsen. Sie behaupteten, auch der Sharps-Fallblockverschluß sei nicht dicht genug, er blase »mächtig viel Feuerdruck nach hinten raus«.

Die US-Regierung erwarb für ihre Armee drei verschiedene Sharps-Modelle: 9141 Rifles für die Infanterie, 80 512 Karabiner für die Kavallerie und etwa 1100 Sharpshooters-Rifles für die Spezialtruppe von Colonel Hiram Berdan.

Die Sharps-Rifle war 119,4 cm lang, wog acht Pfund und hatte das Kaliber .52 (13,2 mm). Das Gewicht des Geschosses betrug 475 Grain (30,78 g). Die Pulverladung wog 50 Grain (3,24 g). Der Sharps-Karabiner war 95,3 cm lang, wog sieben Pfund und brauchte das gleiche Geschoß und die gleiche Pulvermenge. Die Sharpshooters-Rifle war 130 cm lang, wog zwischen 15 und 30 Pfund. Sie hatte ein Zielfernrohr, das über die ganze Lauflänge lief, und einen

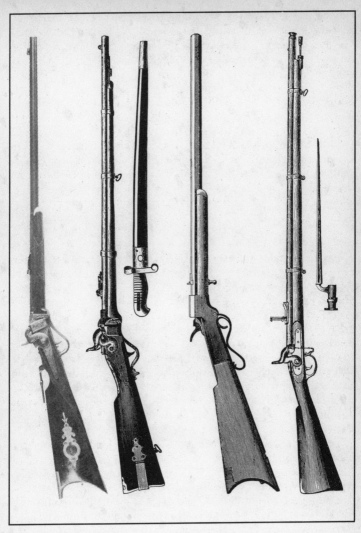

Von links nach rechts:　　　Sharps-Muskete mit Bajonett.
　　　　　　　　　　　　　Ballard-Hinterlader des Bürgerkrieges.
Sharps-Rifle (Büffelgewehr).　US-Enfield-Rifle.

extra starken, gehärteten Verschluß. Dieses gewaltige Scharfschützengewehr vertrug Schwarzpulverladungen bis zu 200 Grain (13 g).

Die meisten der ausgesuchten Berdan-Scharfschützen waren erfahrene Grenzjäger, deren Hauptaufgabe darin bestand, den konföderierten Truppenteilen über Entfernungen bis zu 800 Metern die Offiziere und Kuriere abzuschießen. Sie trugen im Sommer grüne und während der übrigen Jahreszeiten graue Uniformen und damit wohl die ersten Tarnuniformen in der Geschichte überhaupt.

Um 1863 verwendete die US-Armee 79 verschiedene Gewehrmodelle und mehr als 20 verschiedene Karabiner, darunter die Perkussionshinterlader Greene-Rifle, Merrill-Rifle, Gallagher-Carbine, Smith-Carbine, Maynard-Carbine, Burnside-Carbine, Lindner-Carbine und Westley-Richards-Carbine.

Entwicklung der Metallpatronen

Papierpatronen

Schon 1815 verwendete die US-Armee in ihren Steinschloßgewehren sogenannte »Papierpatronen«, in denen die gesamte Ladung (Pulver, Verdämmungspfropfen und Geschoß) in einer Patrone aus Papier zusammengefaßt war. Der Schütze riß mit den Zähnen den Boden des Papiers auf, schüttete das Pulver in den Lauf und stopfte anschließend die Papierhülle mit dem Geschoß tief in den Lauf des Vorderladers.

Brennpatronen

Um 1850 wurden in den USA sogenannte »Combustible-Patronen« für Vorder- und Hinterlader verwendet, bei denen Geschoß und Pulverladung mit brennbarem Nitratpapier umhüllt waren. Man verwendete aber nicht nur Papier, sondern auch Leinen, Kollodium und dünnes Leder. Papier und Leinen wurden in einer gesättigten Salpeterlösung getränkt, die sich bei der Berührung mit der starken Perkussionsflamme augenblicklich entzündete. Gleichzeitig schaffte man weitgehend die Bleirundkugel ab und ersetzte sie durch ein konisches Geschoß mit Hohlboden. Der Gasdruck preßte bei der Entzündung diesen Geschoßrand tief in die Züge und Felder der Gewehre hinein. Leinen und Papier dienten als »Schußpflaster« gegen Laufverbleiung.

Messinghülsenpatronen

1859 erwarb Edward Maynard ein Patent für eine Messinghülsenpatrone mit »separater Zündung«. Maynard ersetzte einfach das Papier der Brennpatronen durch eine Messinghülse, in deren Boden sich ein Loch befand. Die starke Flamme des durch Schlag entzündeten Perkussionszündhütchens drang durch das Loch der Hülse in die Pulverladung und entzündete sie. Ein anderes Verfahren war das der Whitworth-Pappatrone, das auf demselben Prinzip beruhte. Gilbert Smith verwendete 1857 eine Hartgummihülse. Schier unübersehbar wurden nun die verschiedenen Entwicklungen. Beinahe jedes Jahr erschienen neue Experimentierpatronen auf dem Markt, so zum Beispiel die sogenannten »Extractor-Patronen«, bei denen die Hülsen mit Drähten und Schnüren zum Herausziehen der abgeschossenen Ladungen versehen waren. Schließlich erreichte diese Entwicklung mit der »Bodenrandpatrone« von Maynard einen vorläufigen Höhepunkt. Hier waren die Messinghülsen mit einem stabilen Rand versehen, der das Patronenlager gegen den Verschlußblock abdichtete. Mehr als 20 000 der für diese Patrone eingerichteten »Maynard-Rifles« wurden von der US-Armee eingekauft, und noch im Bürgerkrieg wurden 2 157 000 Patronen verschossen.

Geschoßpatronen

Eine revolutionierende Idee entwickelte 1848 Walter Hunt, der ein konisches Bleigeschoß herstellte, das die Treibladung in einer genügend großen Aushöhlung enthielt und mit einer durchbohrten Korkscheibe verschlossen war. Um diese Geschoßpatrone herum konstruierte Lewis Jennings 1849 das erste Repetiergewehr mit Röhrenmagazin, dessen Konstruktion Tyler Henry 1851 im Vorgänger der berühmten Henry-Rifle, der Volcanic-Rifle, verwendete, die ein neues Zeitalter einleiten sollte.

Papierpatrone

Kaliber .69 Muskete

Combustible-Patrone

Kaliber .52 Sharps Leinen

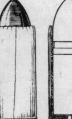

Separat-
Zündungs-
Patrone

Kaliber .50 Messingblech
und Papierhülse

Zündnadelpatrone

Kaliber .41 Papphülse

Stiftfeuerpatrone

Kaliber .46 Kupferhülse

Randfeuer-
patronen

Kaliber .41 kurz   Kaliber
Kupferhülsen   .41–61–313

Zentralfeuerpatrone

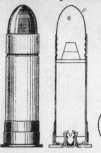

Kaliber .577 Snider
Messinghülse

Zentralfeuerpatrone

Kaliber .44–40 Winchester
(siehe Winchester 1873,
S. 104)

Zentralfeuer-
patronen

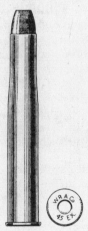

Kaliber .45–125
Winchester Express
(siehe Winchester 1876,
S. 104)

Kaliber .45–120–500
(siehe Amerikanische
Patronenbezeichnung,
S. 90)

Zündnadelpatronen

Johann Nikolaus von Dreyse hatte bereits 1824 in Preußen das Prinzip der Zündnadelpatrone entwickelt, bei der eine Metallpatrone einen inneren »Treibspiegel« besaß, der durch den Schlag einer Nadel entzündet wurde. 1841 führte Preußen das für diese Patrone gebaute Dreysegewehr mit Zylinderverschluß ein, das militärisch einen nahezu unüberwindlichen Vorsprung gegen andere Armeen sicherte.

Randfeuerpatronen

Eine Weiterentwicklung der Zündnadelpatronen gelang Daniel Wesson 1857 mit einer Patronenhülse, in deren innerem Rand eine ganz um die Randrundung herumgehende Zündmasse eingegossen war. Es genügte nun, einen Bolzen auf den Rand der Patrone schlagen zu lassen, um die Zündmasse zu »feuern«. Das erste Smith & Wesson-Revolvermodell des Jahres 1857 verwendete Patronen des Kalibers .22, kurz RF (Rim Fire = Randfeuer) genannt. Aber schon wenig später wurden für die großkalibrigen Hinterlader des Bürgerkrieges gewaltige Randfeuerpatronen mit Kupfer- oder Messinghülsen hergestellt.

Mit der Verwendung dieser Metallhülsenpatronen, die die Zündmasse enthielten, war die Zeit der Perkussionsvorderlader und -hinterlader endgültig vorbei.

Allerdings wurden im Westen diese Perkussionsgewehre aus sehr plausiblen Gründen noch verhältnismäßig lange verwendet: Es war leicht, einen genügend großen Vorrat an Pulver und Zündhütchen einzukaufen und mit in den Westen zu nehmen, aber sehr schwierig, einen Jahresvorrat der sehr viel teureren Randfeuerpatronen mitzunehmen. Und Nachschub gab es in den isolierten Weiten des Westens nur in größeren Städten, die an die großen Transportwege, oder später auch an die Eisenbahnlinien, angeschlossen waren. Zudem wollte der Grenzer die Pulverladungen in seinen Gewehren den Entfernungen anpassen können, was bei einer fertig geladenen Patrone einfach nicht möglich war.

Erst die Einführung der sogenannten »Zentralfeuerpatronen«, die nach dem Abschießen mit einem einfachen Gerät das perfekte Wiederladen der abgeschossenen Patrone mit einem neuen Zentralfeuerzündhütchen, Pulverladung und Geschoß erlaubten, machte die Gewehr- und Revolverpatrone im Westen berühmt.

Bis zur Einführung der überschweren Patronen für die Sharps-Rifles blieben die Westerners bei ihren Sharps-Perkussionsgewehren. Und bis zur Einführung der Henry-Winchester-Repetiergewehre verwendeten Reiter die nach dem Bürgerkrieg ausgemusterten kurzläufigen Kavalleriekarabiner.

Unter den Zwängen der nationalen Katastrophe des Bürgerkrieges, den die Nordstaaten für sich als Sieger über die abgefallenen Südstaaten der Konföderation entschieden, hatten sich in den USA die Waffen zu den fortschrittlichsten der Welt entwickelt. Nach dem Bürgerkrieg entledigten sich im Westen die Pioniere ihrer Perkussionsvorderlader und -hinterlader, und viele Tausend dieser schweren Gewehre wurden an die Indianerstämme verkauft oder vertauscht.

Im fernen Westen vollzog sich während des großen Bruderkrieges im Osten die Besiedlung in geradezu atemberaubendem Tempo: 1852 hatte man in Nevada die sogenannte »Comstock-Goldader« entdeckt, die einen ungeheuren Goldsucher-Boom verursachte. 1864 entdeckte man in der Adlerschlucht Montanas Goldvorkommen, und auch hier entstanden Großstädte sozusagen über Nacht. In Colorado hatten immense Gold- und Silberfunde am Pikes Peak einen Rausch ausgelöst, Oregon, Washington und Kalifornien an der Westküste waren bereits besiedelt. Im Nordwesten schob sich die Besiedlungsgrenze bis tief nach Wyoming und Idaho hinein, und in den Präriegebieten von Kansas und Nebraska drängten Farmer und Siedler nach Westen. Im Südwesten hatten sich unbeaufsichtigte Herden von Longhornrindern aus den Viehzuchtgebieten im Südosten in eine halbwilde, über ganz Texas verstreute Riesenherde von nahezu acht Millionen Rindern vermehrt. Die Randsiedlungen mußten sich mit der Waffe in der Hand gegen mexikanische Vieh- und Pferdediebe, gegen Comanchen, Kiowas, Cheyennes und Apachen zur Wehr setzen. Sie kämpften aber auch gegen Deserteure beider kriegsführender Seiten, die sich in Texas verbargen und die Rancher und Siedler ausplünderten. Das war die hohe Zeit der Texas Rangers, die täglich 16 Stunden im Sattel saßen, um der Lage Herr zu werden. In New Mexico kämpfte die Armee gegen Apachen und Navahos, und von Kalifornien her drang ein immer stärker werdender Strom von Siedlern.

In diesen turbulenten Jahren war die Bewaffnung eine Frage von entscheidender Bedeutung. Niemand vermag heute zu sagen, um wieviel anders die Geschichte verlaufen wäre, hätte es nicht schon

Colt Kugelzange, Kaliber .36.
Spitzkugeln und Rundkugeln, Kaliber .31, .36, .44.

sehr früh die Repetierwaffen des Yankees Samuel Colt gegeben, dessen Revolver, Revolvergewehre und Revolverkarabiner, Taschenrevolver und Derringer zu den beliebtesten, effektivsten und weitverbreitetsten Waffen des Westens wurden.

Perkussionsrevolver

»Pfefferbüchsen nennt man jene Handfeuerwaffen, die die Möglichkeit, mehrfach zu schießen, dadurch bieten, daß sie eine Anzahl von Läufen haben, die um eine Achse rotieren. In Deutschland wurden schon im 16. Jahrhundert Schnapphahn-Pepperboxes gemacht, später mit Steinschlössern und schließlich mit Perkussionszündung. Im Laufe der Zeit gelang es den Konstrukteuren, den Mechanismus so zu vervollkommnen, daß sich mit dem Abziehen des Abzugs gleichzeitig das Laufbündel drehte. Daß sich aus diesen Bündelrevolvern schließlich der Revolver, eine Waffe, die nur einen Lauf und ein gebündeltes Trommelmagazin hat, entwickelte, ist eine logische Konsequenz dieser Entwicklung.«
H. W. Bowman: Antique Guns, S. 83

Bündelrevolver

Sogenannte »Drehlinge«, bei denen ein Trommelmagazin mit verschiedenen Ladungen oder gebündelte Läufe mit der Hand gedreht werden mußten, haben Nürnberger Büchsenmacher bereits mit Luntenschloßzündung zwischen 1480 und 1500 hergestellt. Und von nun an tauchten diese Magazinwaffen mit allen Zündsystemen auf.

Die ersten Revolver mit Schnappschloßzündung, bei denen die Magazinwalze durch Spannen des Hahns automatisch gedreht wurde, entstanden wohl um 1700 in England. Bündelrevolver mit Steinschloßzündung wurden von 1680 an in Holland, Deutschland, Belgien und Frankreich in Massen hergestellt. Den ersten amerikanischen Bündelrevolver konstruierten die Brüder Barton und Benjamin M. Darling in Shrewsbury, Massachusetts, um 1829. Diesen »Darling Patent Rotary Pistols« mit Perkussionszündung folgte 1837 Ethan Allen mit einer langjährigen Massenproduktion seiner im Westen berühmt gewordenen »Allen & Thurber-«, »Allen & Wheelock-Pepperboxes«, die sechs Läufe und das Pepperbox-Kaliber .31 (7,9 mm) besaßen.

»Wenn du in diesen Tagen ohne eine Waffe nach Kalifornien gereist wärst, so hätte man dich einen Narren oder einen Heiligen genannt. Diese Pepperboxes waren nicht teurer als 10 bis 15 $. Kein Wunder, daß sie so populär wurden, wenn man bedenkt, daß ein Colt-Revolver draußen ein paar hundert Dollar kostete, weil Colt mit der riesigen Nachfrage der Goldsucher einfach nicht mitkam. Der Pepperbox-Re-

Allen & Thurber-Pepperbox, Kaliber .33, 6schüssig, 8 Inches (20,3 cm).

volver war hauptsächlich etwas für Kurzentfernungen im Saloon, Damenboudoir, Tanzsaal oder Spielkasino. Wenn es mehr als drei Meter waren, traf man schon nichts mehr. Aber über einen Pokertisch hinweg waren sechs schwarze Mündungen schon sehr beeindruckend.«
James Wyckoff: Famous Guns That Won The West, S. 23

Die riesige Nachfrage in Kalifornien, Washington und Oregon führte dazu, daß sich unzählige amerikanische Waffenfabriken mit der Herstellung dieser kleinen Taschenwaffen beschäftigten (Pecare & Smith, 10schüssig, Robbins & Lawrence, Bacon, Blunt & Syms, Stanhope W. Marston, Stocking & Co., Manhattan Firearms Co., Leonard, Tirrell und Union Arms).

Aber als die Colt-Fabrik in Hartford, Connecticut, die sogenannten »Pocket«(= Taschen)-Modelle seiner Perkussionsrevolver in Massenserien herausbrachte, war das Zeitalter der Pepperbox-Revolver vorbei und der Name »Colt« zu einem Inbegriff für den Revolver schlechthin geworden.

Colt – Perkussionsrevolver

»Frühen Berichten zufolge kam dem jungen Samuel Colt die Idee, einen rotierenden Zylinder mit Pulverlagern zu bauen, während er als 16jähriger Seemann ein Ruderrad beobachtete. Das klingt arg nach Publicity-Mache, von der Colt als ein geborener Scharlatan allerhand verstand. Es ist bei weitem wahrscheinlicher, daß er die Steinschloßrevolver von Collier und Wheeler sorgfältig studierte. Um Geld für seine Waffenambitionen zu erhalten, wurde er Vertreter

Samuel Colt, Showmaster, Erfinder, Manager und Fabrikant, eine der abenteuerlichsten Gestalten des Zeitalters der technischen Revolution (1814–1862).

für Lachgas und angelte als Dr. Coult aus London, Calcutta und New York nach potenten Arztkunden. Er erhielt 1835 Patente für seinen ersten Revolver in Frankreich und England und am 25. Februar 1836 das erste amerikanische Patent. Im März gründete er die ›Patent Arms Manufacturing Company‹ in Paterson, New Jersey.«
H. W. Bowman: Antique Guns, S. 97–98

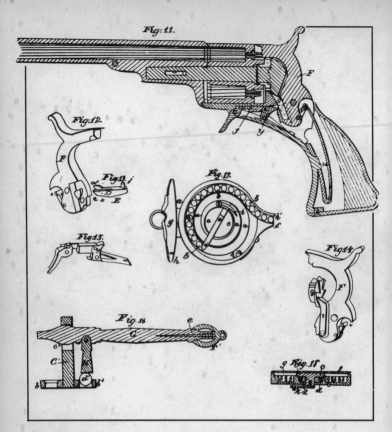

Colt »Texas-Paterson«

12: Hahn
13: Sperrklinke
14: Hahn mit Transportklinke und Trommelzahnkranz
15: Abzug mit Abzugsstange und Feder
16: Spezial-Ladepresse
17: Zündhütchen, Magazinsetzer

Modell »Paterson« 1837

Das Paterson-Coltmodell wurde ab 1837 in verschiedenen Größen hergestellt, aber alle hatten die gleiche Mechanik: Wenn man den Hahn spannte, wurde gleichzeitig die fünfschüssige Trommel um eine fünftel Drehung bewegt und durch eine Sperrklinke so genau angehalten, daß die nächste Kammer sich vor dem Lauf befand. Gleichzeitig sprang der – in ungespanntem Zustand im Rahmen verborgene – sogenannte »Folding Trigger« (Faltabzug) aus dem Rahmenboden heraus. Die Zündpistons befanden sich nicht mehr, wie bei anderen Konstruktionen, auf der Oberseite der Trommel, sondern waagerecht im Trommelboden. Zum Laden mußte der Lauf durch das Entfernen eines Riegels von der Trommelachse getrennt und die Trommel herausgenommen werden.

Colt-Modell 1 »Baby-Paterson«

Der erste Paterson-Colt war eine kleine Taschenwaffe, die in den Kalibern .28 und .31 (7 und 7,9 mm) und mit Läufen von 2,5 bis 4,75 Inches (6,35 bis 12 cm) geliefert wurden. Sie wog durchschnittlich nur 11 Unzen (312 g). Zwischen 1837 und 1838 wurden nur 500 Stück hergestellt. Samuel Colt, der ein äußerst geschickter Verkaufsmanager war, schickte ein paar dieser Revolver im Geschenkkasten an General Thomas Jessup, von dem er wußte, daß er mit seiner Truppe in den Florida-Sümpfen große Schwierigkeiten im Krieg gegen die aufständischen Seminolen hatte. Ein besonders fein graviertes Stück mit der Seriennummer 1 schickte er an Präsident Andrew Jackson.

Colt-Modell 2 »Pocket-Paterson«

Der zweite Paterson-Colt war eine etwas größere Taschenwaffe mit den Kalibern .31 und .34 (7,9 und 8,6 mm), mit Läufen von 2,5 bis 4,75 Inches (6,35 bis 12 cm) und mit einem Durchschnittsgewicht von 20 Unzen (567 g). Von den 800 Exemplaren schickte Samuel Colt Geschenkmodelle an Colonel W. S. Harney und D. E. Twiggs, deren Truppen im Seminolenkrieg große Verluste hinnehmen mußten.

Dieselbe Waffe mit Läufen von 6 Inches (15,2 cm) nannte Colt das Modell 3 Belt-Revolver (Gürtel-Paterson).

Colt-Modell 5 »Holster-Paterson«

Inzwischen waren die Heerführer des Seminolenkrieges von den Colt-Revolvern so begeistert, daß sie von Colt 50 »Paterson-Revolvergewehre« mit achtschüssigen Trommeln erwarben und gegen die in den Mangrovensümpfen überlegenen Seminolen einsetzten. Major G. J. Raines schrieb General Jessup: »Diese Waffe, die achtmal so wirkungsvoll ist wie die Muskete ... hat nicht ihresgleichen im Einsatz.«

Die »Holster-Paterson-Colts« wurden im Kaliber .36 (9 mm), mit Läufen von 7,5 Inches (19 cm) und mit einem Gewicht von 1135 g hergestellt. Die US-Armee kaufte 150 Stück. 180 Paterson-Gewehre und 180 Holster-Paterson-Colts mit 19-Inches-Läufen (48,3 cm) wurden von der Texas-Navy erworben.

Colt-Modell »Texas-Paterson«

An einem warmen Frühlingstag des Jahres 1841 erhielten die Texas Rangers unter Captain Jack Hays und Sam Walker in San Antonio de Bexar einige Dutzend der langläufigen Paterson-Colt-Revolver. Und als sie noch in der gleichen Nacht in der Steppe diese mehrschüssigen Waffen getestet hatten, holte Texas Ranger Big Foot Wallace sein Banjo hervor, und die rauhen Männer tanzten johlend um die Navy-Kisten herum. Die Texas Rangers hatten im Kampf gegen räuberische Comanchen in den letzten Monaten solch schwere Verluste hinnehmen müssen, daß man schon erwogen hatte, den isolierten Grenzsiedlern zu raten, ihre Heimstätten aufzugeben und sich zurückzuziehen.

200 Jahre lang waren die Comanchen gegen die spanischen Siedlungen angestürmt und hatten die Kolonisierung der texanischen Steppe nicht nur verhindert, sondern sogar die Spanier zur Aufgabe ihrer vorgeschobenen Missionen und Bergwerke gezwungen. Seit Texas von Mexiko die Unabhängigkeit 1836 erkämpft hatte, drängten texanische Rancher und Farmer immer weiter nach Westen, und die Comanchen griffen sie mit größter Erbitterung und Grausamkeit an. Die Texas Rangers aber waren nur mit einschüssigen Karabinern und einschüssigen Vorderladerpistolen bewaffnet. Bei einem frontalen Angriff bedeutete das, daß zunächst auf weitere Entfernung zwischen 70 und 100 Metern die Karabiner einmal abgeschossen werden konnten, dann noch zweimal ein Schuß auf Nahentfernungen

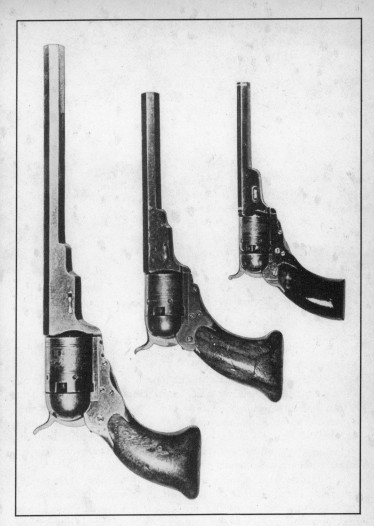

Von links nach rechts:
»Texas-Paterson-Colt«, Holster-Modell, Kaliber .36.
»Belt-Paterson-Colt«, Kaliber .34.
»Pocket-Paterson-Colt«, Kaliber .31.

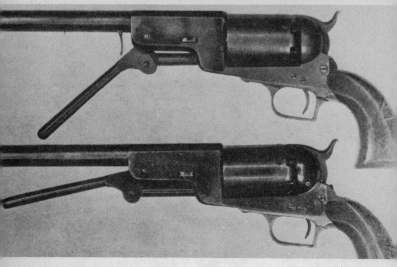

Colt-Modell 1847 »Whitneyville-Walker«, Revolver der Texas-Rangers mit verschiedenen Vorrichtungen für die Befestigung des Ladepreßhebels am Lauf.

bis 20 Metern zur Verfügung stand. Hiernach sprangen die Texas Rangers aus dem Sattel und begannen hinter der Deckung ihrer Pferde die umständliche Prozedur des Ladens. Die Comanchen aber jagten auf ihren blitzschnellen kleinen Mustangs heran. In ihren Köchern befanden sich 30 bis 40 Pfeile, die sie zielsicher und mit großer Wucht abschossen. Chancen hatten die Texas Rangers bei einem solchen Kampf so gut wie keine.

Auf der Verfolgung einer brandschatzenden Horde von etwa 60 Comanchen stellten sich 15 Texas Rangers unter Jack Hays am Plum Creek zum Kampf. Als die Rangers zu Pferde zwei Schüsse aus ihren Revolvern abgegeben hatten, griffen die Comanchen in offenem Sturm an, weil sie dachten, daß sich die Rangers verschossen hatten. Aber dann, aus etwa 20 Meter Entfernung, krachten aus 30 Revolvern 120 Schüsse. Als sich der Pulverrauch verzogen hatte, gab es nur noch einen lebenden Comanchen. Von diesem Augenblick an wurde dieser Revolver nur noch »Texas-Paterson« genannt.

Colt-Modell »Whitneyville-Walker«

Sosehr auch Paterson-Colts in Texas die Überlegenheit ihrer Feuerkraft demonstriert hatten, Samuel Colt erlitt einen Rückschlag nach dem anderen und war 1843 ruiniert. Als 1846 der mexikanische General Arista mit einer Truppe den Rio Grande überschritt und nach Texas einmarschierte, erklärten die USA Mexiko den Krieg. Die Texas Rangers wurden in die reguläre US-Armee eingegliedert. Captain Samuel H. Walker (»der Sechsschüsser ist die einzig gute Waffe für uns«) hatte einen Revolver entworfen, der alle Wünsche der Texas Rangers gegenüber dem Paterson berücksichtigte: Er hatte ein größeres Kaliber, war fast doppelt so schwer und vertrug eine dreifache Pulverladung. Walker fuhr nach New York, überreichte Colt einen Regierungsauftrag für 1000 Revolver, und in der zweiten Hälfte des Jahres 1847 übertraf der Erfolg dieser gewaltigen »Handkanone« (es war der schwerste Revolver, der je gebaut wurde) alle Erwartungen. Die 44er Rundkugeln wirkten noch in 400 Meter Entfernung absolut tödlich. 950 Revolver wurden an die Texas Rangers ausgegeben. Der Revolver wog 2072 g, der Lauf war 9 Inches (22,9 cm), die ganze Waffe 40,5 cm lang. Jeder Ranger trug in Sattelholstern zwei Walker-Colts, die zum Laden nicht mehr auseinandermontiert werden mußten, weil sie einen Ladepreßhebel besaßen, mit dem durch einen Griff Pulverladung, Verdämmungspfropfen und Geschoß in eine Kammer gepreßt werden konnten.

Colt-Modell »Dragoon«

Die US-Regierung, beeindruckt von dem Erfolg der schweren Revolver, rüstete zwischen 1848 und 1860 ihre schwere Kavallerie (Dragoons = Dragoner) mit einem leicht veränderten Modell aus: Der Lauf war mit 7,5 Inches (19 cm) etwas kürzer, die Trommel war verkürzt, das Gewicht betrug 1873 Gramm. 1849 erklärte eine Prüfungskommission des Kongresses: »Colts Repetierrevolver sind die wirkungsvollsten Waffen für Berittene und Grenztruppen. Es wird dringend empfohlen, sie in großer Anzahl einzuführen.«

Von nun an konnte Samuel Colt nicht genug Revolver herstellen. Das Goldfieber in Kalifornien, die Auswanderung der Mormonen nach Utah, die Besiedlung von Oregon, die steigenden Frachtwagenraten auf dem Wege nach Santa Fé, Kämpfe mit Indianern an den sich langsam vorschiebenden Besiedlungsgrenzen im Westen, das

Faustrecht in den rumorenden Boomstädten, dieser ganze brodelnde und kochende Wildniskontinent brauchte Revolver, und Samuel Colt lieferte sie. Er brachte ein Modell nach dem anderen heraus. Er führte die erste große maschinelle Serienproduktion in Amerika ein. Kaum begann sich irgendein spezielles Bedürfnis für einen bestimmten Waffentypus zu bilden, lieferte Colt schon ein neues, ideales Revolvermodell. Und ständig verbesserte er bereits existierende Modelle bis zur Vollkommenheit.

Pocket-Colt-Modell 1848 »Baby Dragoon«

Die Deringer-Pistolen und ihre zahllosen Derringer-Nachbauten anderer Waffenfabriken hatten Samuel Colt ganz klar gezeigt, daß es in den neu erschlossenen Gebieten des weiten Westens eine kaum zu befriedigende Nachfrage nach Taschenwaffen gab. Die Waffengroßhändler in den Ausrüstungszentren St. Louis, Westport und St. Joseph am Missouri bestürmten nicht nur die mit dem Whitneyville-Walker-Colt neu entstandene Colt-Fabrik in Hartford, Connecticut, mit Anfragen nach Waffen, sondern auch andere Firmen, die bisher gar keine Kurz- oder Taschenwaffen hergestellt hatten. Durch die Perkussionszündungsmethode waren schnellere, bessere und sicherere Repetiersysteme für vielfaches Schießen möglich geworden, an die man mit der umständlichen Steinschloßzündung und ihren zahllosen Varianten gar nicht hatte denken können.

Mit rastloser Besessenheit stürzten sich Konstrukteure und Mechaniker, Verkaufsstrategen und Werbemanager auf das allgemeine Bedürfnis nach Feuerwaffen aller Art. Niemals zuvor und niemals danach hat es irgendwo auf der Welt ein Zeitalter gegeben, in dem so viele Waffen konstruiert und auf den Markt gebracht wurden, wie in diesem Pionierzeitalter Amerikas.

Samuel Colt war in diesem gespenstischen Reigen aus Pulverrauch einer der maßgeblich Beteiligten. Aus seiner Fabrik floß Modell auf Modell.

So kam es, daß in diesen Jahren eine kaum noch zu überblickende Zahl von Grundmodellen, Verbesserungen und Änderungen den Westen überschwemmte.

Das erste »Pocket-Modell« war praktisch eine Miniaturausgabe des großen Dragoon-Colts. Zwischen 1847 und 1850 wurden 15 000 Stück in die Boomstädte des Westens geschickt, wo sich der ursprüngliche Fabrikpreis von 18 Dollar auf bis zu 200 Dollar erhöhte.

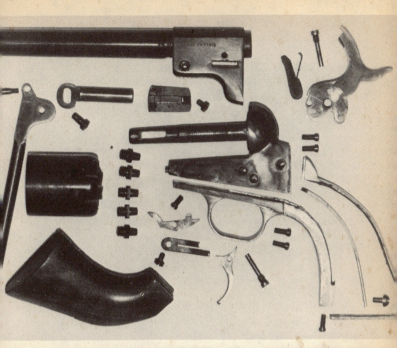
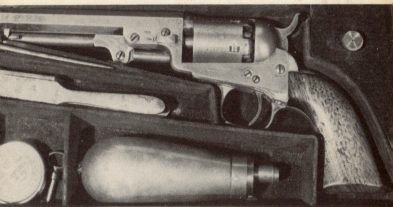

Colt-Modell »Pocket«, vollständig demontiert.
Colt-Modell »Pocket«, Kaliber .31, 6schüssig, 1849.

Pocket-Colt-Modell 1848 »Baby Dragoon«, Kaliber .31, 6schüssig.

Colt-Modell 1849 »Pocket«

1849 brachte Colt eine Verbesserung des Baby-Dragoon-Colts mit wahlweise 5- und 6schüssigen Trommeln, 3, 4, 5 und 6 Inches (7,6, 10, 12,7 und 15,2 cm) langen Läufen heraus. Dieser Taschenrevolver wurde einer der erfolgreichsten aller Zeiten: Von 1849 bis 1873 stellte man 331 000 Stück dieser Waffe her, die mit Siedlern und Heimstättern, Soldaten, Goldsuchern, Eisenbahnbauern und Holzfällern, Kartenhaien und Freudenmädchen ebenso wie mit Richtern und Sippenmüttern in den Westen gelangten.

Colt-Modell »Wells & Fargo«

Die »Wells & Fargo Express Company« übernahm zuerst in den Goldfeldern Kaliforniens den Postdienst, schließlich den Transport von Goldstaub, Nuggets und Geld, errichtete Banken mit Tresoren und Depots und genoß sehr bald den Ruf, Wertsachen und Eilpost schneller und sicherer zu transportieren und aufzubewahren als irgendeine andere Institution in Amerika. Obwohl die Wells-Fargo-Postkutschen, Kutschenstationen und Banken häufig überfallen und beraubt wurden, hat niemals ein Kunde auch nur einen einzigen Cent verloren. Die Wells & Fargo-Verwaltung stellte eine eigene Detektiv-Agentur auf und beschäftigte Hunderte von erfahrenen, bewaffneten Begleitwächtern, die an Waffen hohe Anforderungen stellten. Ihre Hauptbewaffnung war die doppelläufige Parker-Schrotflinte, das Winchester-Repetiergewehr und ein spezielles Colt-Pocket-Mo-

Begleitschutz der »Wells & Fargo Express Company«.

Black Bart, Postkutschenräuber.

dell, das genau dem Modell 1849 entsprach, nur mit dem einen Unterschied, daß ihm die Ladepresse fehlte und die Lauflänge stets 3 Inches (7,6 cm) betrug. Hank Monck, der berühmteste Postkutscher des Westens, meinte: »Wozu sollte der Wells-Fargo-Colt eine Ladepresse haben? Er hatte fünf Papierpatronen. Wenn bei einem Überfall diese fünf Schüsse nicht genügten, so wäre in keinem Fall Zeit zum Wiederladen geblieben oder nötig gewesen.« Zwischen 1860 und 1884 verlor die Wells & Fargo durch 347 Postkutschenüberfälle 917726,55 Dollar. Der Bandit Charles E. Boler, der sich »Black Bart« nannte und kalifornische Postkutschen mit einer Schrotflinte überfiel, hinterließ stets ausgeraubte Wells-Fargo-Geldkisten, auf die er poetische Gedichte geschrieben hatte. Bis ihm die praktische Wells & Fargo-Bank öffentlich das Angebot machte, daß man ihm eine monatliche Pension von 125 Dollar zahlen würde, wenn er keine Kutschen mehr überfiele. Black Bart ging darauf ein.

Colt-Modell 1851 »Navy«

So populär auch die Dragoon-Colts als schwere Waffen für weite Entfernungen, die Pocket-Revolver als kleine Waffe für Nahentfernungen waren, es stellte sich doch heraus, daß ein Revolver für mittlere Entfernungen von 20 bis 40 Metern fehlte. Die Westwanderer und Siedler, Sheriffs und Polizisten, Eisenbahner, Goldsucher und Cowboys verlangten nach einer sogenannten »mittleren Holsterwaffe«, einem Revolver mit einem genügend langen Lauf, der Treffgenauigkeit auch noch auf 50 Meter garantierte, der aber nicht zu schwer war, so daß ihn auch Frauen und Halbwüchsige ohne Schwierigkeiten bedienen konnten. Man verlangte von einer Holsterwaffe, daß sie schnell zu ziehen und zu schießen war. Zwischen dem Gewicht für den großen Dragoon von 3,5 Pfund und dem des kleinen Pocket von 680 Gramm, zwischen Leistung und Rückschlag dieser beiden Waffen und den Kalibern .31 und .44 fand Samuel Colt die ideale Lösung: den Colt »Navy« 1851. Dieser Revolver hatte einen 7,5 Inches (19 cm) langen Lauf, das Kaliber .36 (9 mm) und war 1190 g schwer. Reiter konnten ihn am Gürtel außen in einem Holster an der Hüfte tragen, ohne daß sein Gewicht sie störte, ohne daß seine Form sie behinderte, und die Waffe war stets griff- und schußbereit. Sie wurde in der Regel mit Papierpatronen geladen, was verhältnismäßig schnell (von vorne) ging, für das Setzen der Zündhütchen gab es verschiedene Arten von Zündhütchensetzern, mit denen auch das sehr rasch zu bewerkstelligen war. Wenn man die Ladung gesondert hatte, so mußte man eine Pulverflasche und einen Kugelbeutel mit sich führen.

Der mittelschwere Navy-Colt (mit »Navy« wird stets nur das Kaliber .36 bezeichnet) setzte Maßstäbe für alle Holsterrevolver, die andere Hersteller auf den Markt brachten. In den Jahren zwischen 1851 und 1873 kamen 215 348 Exemplare dieser Waffe auf den Markt. Er wurde zu einer der populärsten Waffen im Wilden Westen. Die Speditionsfirma Russel, Majors & Waddell rüstete 1860 ihre Pony-Expreßreiter mit je zwei Navy-Colts aus, die Postkutschen- und Eisenbahnlinien bewaffneten ihre Schaffner und Wachmannschaften mit ihm. Der Cowboy John Wesley Hardin tötete mit einem Navy-Colt seinen ersten Kontrahenten im Duell und wurde fortan zum gefürchteten Revolvermann. Wild Bill Hickok trug bis zu seinem Tode (1876), als es längst schon Patronenrevolver gab, stets zwei Navy-Colts im Gürtel. Er schoß und traf mit ihnen gleichzeitig.

Army-Scout Wild Bill Hickok mit zwei Navy-Colts.

Revolvermann John Wesley Hardin.

»Zwei Revolver bedeuten im Notfall nicht mehr und nicht weniger als einen zweiten Schuß. Das zerplatzte Zündhütchen des ersten Schusses konnte die Trommel des Revolvers zwischen Trommelzahnkranz und Rückstoßboden blockieren. Dann konnte man mit dem zweiten Revolver sofort einen zweiten Schuß abfeuern.«
J. G. Rosa: They Called Him Wild Bill, S. 254

Colt-Modell 1860 »Army«

Die Armee hielt nichts vom Kaliber .36, aber als der Navy-Colt solch hervorragende Eigenschaften demonstrierte, drang man darauf, daß Colt auf der Basis dieser mittelschweren Holsterwaffe eine ähnliche im Armeekaliber .44 herstellte. Das Ergebnis war ein Revolver, gleichschwer wie der Navy, mit einem verbesserten, stromlinienförmigen Rahmen und einer 6schüssigen Trommel, die stärkere Pulverladungen vertrug. Mit diesem Revolver hatte Colt den Höhepunkt der Perkussionsrevolver erreicht. Was technisch überhaupt möglich war, wurde bei dieser Waffe verwirklicht. Von 1860 bis 1873 wurden 200 500 Stück hergestellt. John Wesley Hardin beschreibt die Robustheit seines Army-Colts anläßlich eines Angriffs mexikanischer Viehdiebe auf eine Texasviehherde:

»Wir durchquerten mit den 3000 Longhorns gerade eine weite Talsenke, da tauchten plötzlich sechs Mexikaner auf und begannen auf Joe und mich zu schießen. Mein alter Army-Colt hatte so viele Schüsse erlebt, daß die Trommel zum Lauf einen Luftspalt von bestimmt 2 mm hatte. Ich mußte bei jedem Schuß mit der linken Hand die Trommel fest gegen den Lauf drücken, sonst wäre mehr als die Hälfte des Gasdrucks an der Seite hinausgeblasen worden. Ich gab meiner Jenny die Sporen und ritt den Mexikanern ruhig entgegen. Ich habe fünfmal gefeuert, und fünf der Schmierfinken fielen aus dem Sattel.«
J. W. Hardin: The Life Of J. W. Hardin, S. 57

Das Army-Colt-Modell 1860 wurde von Pionieren noch weit über das Jahr 1873 – das Jahr der Einführung der Patronenrevolver – hinaus verwendet.

Colt-Modell 1861 »Navy«

Nachdem man erfahren hatte, daß der Army-Colt alle möglichen Vorzüge eines Revolvers ideal in sich vereinigte, wurde der Wunsch nach einem gleichen Modell im kleineren Navykaliber wach: Colt folgte diesem Bedürfnis, indem er den Army-Colt mit geringen Änderungen, wie zum Beispiel einem kürzeren Griffstück im Kaliber .36, herausbrachte. Aber nur 38 843 Stück dieses Modells wurden zwischen 1861 und 1873 hergestellt.

Colt-Modell 1862 »Police«

Nun hatten die mittelschweren Army- und Navy-Modelle den schweren Dragoon-Colt abgelöst, und die zahlreichen kleinen Taschenmodelle der Pocket-Colts waren im gesamten Westen eingeführt. Nachdem nun schon größere Ortschaften, Städte und Industrie entstanden waren, stellte sich heraus, daß die zivilen Polizeibeamten und zivilen Detektivorganisationen über eine besser geeignete Waffe verfügen mußten. Man brauchte eine Waffe im Kaliber .36, die verborgen getragen werden konnte. Das Polizeimodell 1862 vereinigte alle Vorteile der Holster- und Taschenrevolver: Es hatte Läufe von 3,5, 4,5, 5,5 und 6,5 Inches (8,9, 11,4, 14 und 16,5 cm), das Kaliber .36, eine größere Trommel als die Pocket-Colts und eine kleinere als die Navys, und es wog mit einem Lauf von 16,5 cm 737 Gramm.

Pinkerton-, Union Pacific-, Wells & Fargo- und Weidedetektive trugen diesen Revolver und luden ihn häufig mit sogenannten »Multiball-Papierpatronen«, in denen sich statt einer Rundkugel zwei befanden. Die Schockwirkung dieser Ladung war verheerend: Ein Getroffener war nach einem Rumpftreffer nicht mehr in der Lage, den Finger um den Abzug einer Waffe zu krümmen, also seinen tödlichen Gegenangriff auszuführen. In den meisten Fällen wirkten diese Multiball-Ladungen aber nicht tödlich.

Dieses Colt-Modell »Police« kann als der Beginn der Entwicklung von amerikanischen, speziellen »Polizeiwaffen« angesehen werden. Eine Entwicklung, die sich heute bis zur Perfektion vollzogen hat. Man verwendet sonst heute in aller Welt immer noch militärische Schlachtfeldwaffen. Die Wirkung dieser Police-Colts – einen Angreifer daran zu hindern, seine Waffe tödlich zu gebrauchen, seinen Angriff sofort zu stoppen, ihm aber dennoch die Chance zu lassen, am Leben zu bleiben – war beispielhaft für die Verwendung von Waffen im zivilen Alltag gegen kriminelle Gewalt.

Amerikanische Perkussionsrevolver

»Die Treffgenauigkeit dieser alten Perkussionsrevolver von Colt, Remington, Whitney, Cooper, Joslyn, Pettingill, Savage, Rogers & Spencer, Wesson & Levitt, Hopkins & Allen und vielen anderen kann man heute sehr genau bestimmen, denn es sind genügend Exemplare in hervorragendem fabrikneuen Zustand erhalten. Die ›National Muzzle Loading Rifle Assoziation‹ (Nationale Vorderladergewehr Vereinigung) hat in ausgedehnten Wettkämpfen und Tests festgestellt, daß die Visierung dieser alten Modelle auf Fleckschuß zwischen 40 und 60 Yards (36 bis 54 m) eingerichtet ist. So ergeben sich bei den heutigen Pistolen-Wettkampfentfernungen von 25 Metern immer Hochschüsse. Der Bürgerkrieg war das große Prüffeld für die Unzahl von Perkussionsrevolvern, die in den 50er Jahren auf den Markt gekom-

Links: Holster um 1842.
Rechts: Holster um 1878.

men waren. Obwohl es Hunderte verschiedener Typen, Marken, Fabrikate, technischer Neuerungen – auch verrücktester Art – gab, blieben mehr als 95% aller dieser Waffen in den harten Tests hängen, und nur wenige Marken überlebten, erwiesen sich als brauchbar, narrensicher und jeder Strapaze gewachsen.«
H. W. Bowman: Antique Guns, S. 103–104

Bevor die ungeheure Nachfrage der im Bürgerkrieg kämpfenden Armeen neue Ideen und Konstruktionen geradezu aus dem Boden stampfte, Waffenfabriken über Nacht entstanden und im rohstoffarmen Süden sogar aus Urin Salpeter für Pulver gewonnen wurde, war der weite Westen zu einem Prüfstein besonderer Art geworden: Hier wurden Waffen gegen angreifende Banditen und Indianer eingesetzt, was oft zu Feuergefechten auf weitere Distanzen führte, aber hauptsächlich waren sie Verteidigungswaffen, die in der Hauptsache auf Kurzentfernungen – in Saloons, in Hotels, Spielsälen,

Revolvermann und zeitweiliger Sheriff Wild Bill Hickok.

Tanzhallen, Festzelten, auf Straßen und Schiffen, in Eisenbahnwagen und Häusern – eingesetzt werden mußten. Stets waren andere Menschen in der Nähe, die durch die Verteidigung nicht gefährdet werden durften. Hieraus ergab sich zwingend eine Anforderung an Verteidigungswaffen, die bisher bei Kriegswaffen niemals in Erscheinung getreten war: Bei einer militärischen Attacke brauchte ein Angegriffener niemals blitzschnell zu schießen, er hatte Zeit, er war in Deckung oder marschierte. Der im Zivilleben Angegriffene sah sich aber einem urplötzlichen Angriff gegenüber. Nun entschied oftmals der Bruchteil einer Sekunde darüber, ob er sein Leben verteidigen konnte oder nicht. Dies führte dazu, dem Revolver eine bestimmte Griffform zu geben und ihn in einem Gürtelholster zu tragen, das offen war. Man mußte schnell und sicher zugreifen und ziehen können. Die Waffe durfte aber auch nicht bei jeder Gelegenheit aus diesem Holster herausfallen oder bei Bewegungen hindern. Ihr Gewicht mußte für den schnellen und sicheren

Schuß ausgewogen sein. Dies alles hatten Colt und die anderen Hersteller zu beachten.

Und was die Schußwirkung betraf, so hatte man im Westen schnell Tatsachen herausgefunden, die im Kriegswaffenhandwerk völlig unbekannt waren: Ein Angreifer, der plötzlich aus der Anonymität des friedlichen Alltags auftauchte und eine Waffe in der Hand hielt, benötigte nur eine halbe Sekunde, um den Hahn dieser Waffe zu spannen und abzudrücken. Der Angegriffene mußte also noch erheblich schneller sein. Wenn eine militärische, konisch geformte Kugel den Angreifer traf, so wurde dieser in der Regel von einer solchen hochgeschwindigen Kugel glatt durchschlagen, war meistens auch tödlich getroffen, wurde aber für den Augenblick nicht daran gehindert, zu schießen. Militärische Pulverladungen und Geschosse, die darauf ausgelegt waren, möglichst weite Entfernungen zurückzulegen und noch auf 1000 Meter tödlich zu sein, die eine starke Durchschußwirkung besaßen, waren also im zivilen Alltag unbrauchbar und gleichzeitig gemeingefährlich. Man fand sehr rasch heraus, daß nur eine schwere Schockwirkung einen Angreifer daran zu hindern vermochte, zurückzuschießen. Eine solche schwere Schockwirkung rief aber nur ein Geschoß eines möglichst großen Kalibers hervor, ein Geschoß, das schwer war, sich beim Aufprall auf einen Körper verformte (Aufstauchungsfaktor) und so langsam flog, daß es im Körper des Angreifers steckenblieb. Gleichzeitig ergab sich aus dieser Wirkung aber auch der Effekt, daß solche »Steckschüsse« die höchstmögliche Sicherheit für Unbeteiligte boten, nicht durch durchschlagende Geschosse verletzt oder gar getötet zu werden.

Wild Bill Hickok hat diese »Polizei-Schußwirkung« zum erstenmal erkannt. Charles Gross, ein Kolonialwarenhändler in Abilene, Kansas, schrieb 1866 in sein Tagebuch:

»Ich habe Wild Bill niemals das Wort ›töten‹ sagen hören, sondern stets nur ›treffen‹. Bill sagte einmal zu mir: ›Charlie, ich hoffe, daß du nie gezwungen sein wirst, auf einen Mann zu schießen. Aber wenn das mal der Fall sein sollte, so nimm dir keine Zeit zu überlegen, handle und schieße sofort und treffe ihn in den Leib, nahe dem Nabel. Das ist nur selten tödlich, er wird meistens wieder genesen, wenn du die richtigen weichen Kugeln verwendest, aber er wird einen Schock erhalten, der sein Gehirn und seinen Arm so lähmt, daß der Angriff sofort und auf der Stelle vorbei ist.‹«
J. G. Rosa: They Called Him Wild Bill, S. 251

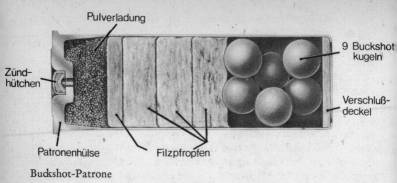

Buckshot-Patrone

Wild Bill Hickok, der als Sheriff und Marshal, Detektiv und Begleitschutz Buch über seine Schießereien führte, hat von 1861 bis 1876 193mal aus Selbstverteidigung auf Angreifer geschossen und jedesmal durch solche Treffer vermieden, daß der Angreifer zurückschießen konnte, aber nur sechs Menschen sind an diesen Treffern gestorben. Dies bedeutet, daß der Selbstverteidigungseffekt seiner Schüsse 100% und der Tötungseffekt nur 3,1% betrug! Diese Erkenntnisse führten dazu, daß man schon sehr früh – etwa mit dem Ende des Bürgerkrieges 1865 – grundsätzlich zwischen Militär- und Polizei- oder Verteidigungswaffen und -munition unterschied.

Dies ist auch der Grund dafür, daß Militärwaffen im Wilden Westen allgemein als unbrauchbar galten. Für die Jagd waren sie nicht präzise genug, für die Verteidigung zu gemeingefährlich und wirkungslos. Andererseits konnten die Militärs mit Waffen, die im Zivilleben als wirkungsvollste Verteidigungswaffen galten, für den Kriegsfall auf dem Schlachtfeld überhaupt nichts anfangen. Neben großkalibrigen Revolvern zum Beispiel galt im Wilden Westen die Schrotflinte als die wirkungsvollste Verteidigungswaffe überhaupt. Wenn ein Angreifer auf eine mittlere Entfernung von etwa 20 Metern eine Ladung »Buckshot« (Rehposten), das ist eine Patrone mit neun Bleirundkugeln à 9 mm, erhielt, so wurde er wie von einem Elefantentritt aus dem Sattel oder von den Beinen geschleudert. Aber in den seltensten Fällen wurde er getötet. Und bereits nach 100 Metern waren diese Buckshot-Kugeln bei einem Fehlschuß nahezu harmlos für Unbeteiligte. Auf dem Schlachtfeld wäre eine solche Waffe unbrauchbar gewesen, aber in einer Stadt, in einem Saloon gab es nichts Wirkungsvolleres. Deshalb benutzten Pinkerton-Detektive, Marshals und Sheriffs in städtischen Einsätzen stets die doppelläufige Schrotflinte.

Bis auf den heutigen Tag sind Revolver und Schrotflinten Standardwaffen der amerikanischen Polizei, während europäische Polizeitruppen traditionell Kriegswaffen wie automatische Pistolen, Maschinenpistolen und Sturmgewehre benutzen.

Ein Teil der Faszination der US-Pioniergeschichte besteht darin, mit wieviel Mut, Verbissenheit, Witz und Humor sich der kleine Mann schlug: gegen die Natur, gegen und mit seinen Nachbarn, für und gegen Gesetz und Ordnung – stets aber für die uneingeschränkte Freiheit, allein Herr seiner Entschlüsse zu sein und diese Freiheit gegen alles und jedermann zu verteidigen. Das Recht, Waffen zu besitzen und Waffen zu gebrauchen, verteidigte der Westerner mit Waffen gegen Waffen und stellte so automatisch ein Gleichgewicht her, das im Grunde zum geringsten Waffenmißbrauch in der Geschichte der Menschheit führte, was in krassem Gegensatz zu dem steht, was heute behauptet wird.

Grundsätzlich Neues hatten die vielen amerikanischen Revolverhersteller, die der beispiellose Erfolg Samuel Colts beflügelte, mit Perkussionssystemen nicht anzubieten.

Europäische »Civil War-Revolver«

Annähernd Neues kam aus Europa, so zum Beispiel das sogenannte »Double Action-Abzugssystem«. Wenn man den Abzug bis zum Anschlag zurückzog, wurden zwei mechanische Vorgänge, eine »doppelte Aktion«, ausgelöst: Der Hahn wurde gespannt und gleichzeitig die Trommel um eine Sechsteldrehung bewegt. Nach dieser Trommeldrehung fiel der Hahn auf den Zündpiston. Der Colt und die meisten anderen amerikanischen Revolver beruhten hingegen auf dem sogenannten »Single Action-Prinzip«. Durch das Zurückziehen des Hahns wurde lediglich die Trommel gedreht und arretiert (arretieren = sperren), dann rastete der Hahn in eine Feuerrast ein. Eine zweite »einfache Aktion« zog nun den Abzug ab und löste damit den Schuß aus. Beide Systeme hatten Vor- und Nachteile: Double Action-Schießen war einfacher und schneller, dafür aber durch ein Abzugsgewicht von drei bis vier Kilogramm schwerer und unsicherer. Single Action-Schießen war etwas langsamer, dafür aber durch ein Abzugsgewicht von nur einem Kilogramm erheblich treffsicherer. Da Treffsicherheit im Westen von

LeMat-Revolver,
7schüssig.

entscheidender Bedeutung war, zogen die Pioniere Single Action-Revolver vor, während man in Europa, wo man sich nach militärischen Gesichtspunkten orientierte, nach denen Feuerkraft und Feuerschnelligkeit wichtiger als Treffgenauigkeit waren, allgemein für das Double Action-Prinzip entschied.

LeMat-Revolver

Jean Alexandre Francois LeMat, ein junger Franzose aus Paris, der 1846 in New Orleans seinen Doktorhut in Medizin erwarb und den die Pflanzeraristokratie des amerikanischen Südens faszinierte, erfand 1856 einen Revolver, der bis auf den heutigen Tag einmalig geblieben ist:

Statt um eine massive Trommelachse rotierte beim LeMat-Revolver die Trommel um einen Schrotlauf mit dem Kaliber .65 (16,5 mm), die Trommel maß im Durchmesser 1 cm mehr (5 cm) als eine Colt-Revolvertrommel (4 cm). In der Trommel befanden sich statt sechs Kammern neun im Kaliber .41 (10,4 mm); der Lauf war 7,3 Inches (18,5 cm) lang, und die Waffe wog 1798 Gramm.

Die neun Bleikugeln und die große Ladung »Buckshot« verliehen diesem Revolver eine gewaltige Nahkampffeuerkraft. 5000 dieser Revolver lieferten die LeMat-Werkstätten in Paris und London von 1862 bis 1865 an die Armee der Südstaaten. Nach dem für den Süden verlorenen Krieg endete LeMats Unternehmen in einem finanziellen Fiasko. Für 51 Dollar konföderiertes Geld erhielt er kurz vor Ende des Krieges 1 Golddollar. Da er seine Revolver für 35 konföderierte Dollar verkauft hatte, betrug seine reale Einnahme für einen Revolver ganze 68 Cent. Wie für viele andere Unternehmer endete der Krieg auch für LeMat mit einem Ruin.

Aber die berühmten »Grapeshot-Revolver« (Hagelgeschoß- bzw. »Hagelschauer«-Revolver) gelangten nach dem Bürgerkrieg in großer Anzahl in den Westen. Und hier erwiesen sie sich als die hervorragendsten Polizeirevolver, die man sich überhaupt denken konnte. US-Marshal Jake (Jakob) Willmann, ein Mann, der eine lange Karriere als Wells & Fargo-Begleitmann, Detektiv, Sheriff, Assistent-Marshal und US-Deputy-Marshall in beinahe allen Teilen des Westens hinter sich hatte, schrieb 1868:

»Das Wirkungsvollste, was ein Polizist als Waffe in einer Stadt tragen kann, ist ein LeMat-Revolver. Neun Kugeln des Kalibers .41 bedeuten allein schon die anderthalbfache Feuerkraft eines Colt-Revolvers. Man ist jedem Gegner um drei Kugeln voraus. Wegen seines Gewichts ist der Rückschlag beim Kugelschuß kaum merkbar, die Treffgenauigkeit auf 25 Yards ungewöhnlich gut, und alle Treffer sind gleichzeitig Steckschüsse. Besser geht es einfach nicht. Und dann dieser ›Notfall‹-Buckshotlauf! Der hat mir also buchstäblich dutzende Male das Leben gerettet. Hatte man sich praktisch verschossen und krochen Angreifer triumphierend aus ihren Deckungen hervor, um einem den Garaus zu machen, dann fegte diese Ladung von 15 Buckshot-Kugeln einen ganzen Saloon, eine ganze Straßenbreite einfach leer. Ich habe mit einem solchen Schuß einmal fünf Verbrecher auf einmal so erwischt, daß sie keinen Finger mehr krumm machen konnten. Und alle blieben hübsch am Leben, so daß ich sie später fein säuberlich aufhängen konnte.«
J. Willmann; A Frontier Marshal, S. 107

Der LeMat-Revolver blieb eine Rarität im Westen. Niemand versuchte ihn nachzuahmen oder eine ähnliche Waffe zu entwickeln.

Adams-Revolver

Aus England kamen die um 1850 von Adams, Adams & Tranter, Adams & Beaumont entwickelten Perkussionsrevolver über Waffenlieferungen an die Südstaaten nach Amerika. Diese Revolver besaßen alle Double Action-Abzugssysteme, die man durch das Spannen der Hähne von Hand auch Single Action schießen konnte. Obwohl diese Kombination den Colt-Revolvern eindeutig überlegen

Kerr-Revolver, Kaliber .44

Adams & Beaumont, Kaliber .31, 1857

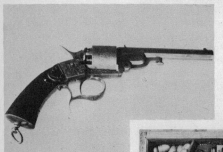

Webley Longspur-Revolver, Kaliber .442, 6schüssig

Dean Harding, Kaliber .44, 1857

Kerr-Revolver,
Kaliber .442, 6schüssig

Adams & Tranter,
Kaliber .44

Adams & Beaumont,
Kaliber .442, für Konföderierte Armee, 1855

Webley-Perkussionsrevolver, 1858

Dance Brothers, Kaliber .36, 6schüssig, für Konföderierte Armee, 1862.

war, brachte es keine europäische Konstruktion, von denen viele in der konföderierten Armee verwendet wurden, zu Popularität. Wahrscheinlich auch deshalb, weil gegenüber amerikanischen Herstellern der Ersatzteilservice viel zu kompliziert war.

Konföderierte Revolver

Die in den konföderierten Staaten hergestellten Revolver ahmten zumeist die Modelle von Colt, Remington, Adams, Whitney und Kerr nach und waren durchschnittlich von miserabler Qualität, weil dem Süden die erfahrene Industrie, Rohstoffe und das »Gewußt-wie« fehlte. Unter den Colt-Nachahmern sind Revolver von Augusta, Clark, Sherrard & Co., Columbus, Dance Brothers, Griswold & Gunnison, Henley, Johnson, Leech, Leech & Rigdon, Rigdon, Ansley & Co., Tucker, Cadman und Gratiot zu nennen. Whitney-Revolver wurden von Cofer, Beauvais, Campbell und Selma, Remington-Revolver von Kapp und Spiller & Burr nachgeahmt.

Nordamerikanische Revolver

Aber auch im Norden hatte der enorme Bedarf des Wilden Westens und des Bürgerkrieges zahllose Konstrukteure und Waffenfabrikanten mit hervorragenden Kenntnissen dazu veranlaßt, neue, von Colt und Remington unabhängige Konstruktionen zu bauen. So zum Beispiel Rogers & Spencer, Allen & Wheelock, Alsop, Bailey,

Fordyce Beals, Brettell & Frisbie, Buss, Ells, Gardner, Joslyn, Ixl, Kinsey, Newbury, Nichols & Shield, North & Savage, Peck, Dettengill, Rupertus, Sharps, Springfield und Starr. Andere verwendeten konstruktive Ideen von Colt und Remington, wie zum Beispiel Eli Whitney, der Colts erste Revolvermodelle Paterson und Walker gebaut hatte. Wieder andere kopierten Colt- oder Remington-Modelle. So blieb es also im amerikanischen Westen praktisch bei den zwei großen Revolvermodellen von Colt und Remington.

Remington-Revolvermodelle

Schon 1816 hatte der Büchsenmacher Eliphalet Remington aus Ilion, New York, ein waschechter Yankee, begonnen, sich mit der Herstellung von Feuersteinschloßgewehren am amerikanischen Waffenboom zu beteiligen. 1828 stellte er die Produktion seiner Gewehre auf Perkussionszündung um, und 1856 wurden seine Söhne Philo, Samuel und Eliphalet jr. Partner ihres Vaters in der Firma E. Remington & Sons. Ein Jahr später erschien der erste Remington-Revolver auf dem amerikanischen Markt, dem eine ununterbrochene Serie von Taschen-, Holster- und Armeerevolvern folgen sollte:

Der grundlegende Unterschied dieser Remington-Revolver zu den Colt-Revolvern war – bis zum allgemeinen Übergang zu Patronenrevolvern (um 1873) – daß diese Revolver einen aus einem Stück gegossenen Rahmen mit starker Rahmenbrücke und eine bewegliche, demontierbare Trommelachse besaßen. Dies schloß einige Handicaps von vornherein aus, die Colt-Perkussionsrevolver besaßen und die Colt nur durch besonders aufwendige Präzisionsarbeit mildern konnte. Während sich bei den Colt-Revolvern nach häufigem Schießen die Verankerung der Trommelachse im Rückstoßboden zu lockern begann, sich die Laufverriegelung an der Trommelachse ausschlug und hierdurch der Luftspalt zwischen Trommel und Lauf sich vergrößerte, dadurch der Gasdruckverlust immer größer, die Geschoßgeschwindigkeit immer geringer wurde, waren solche Fehlerquellen bei den Remington-Festrahmen unmöglich. Sie erlaubten größere Pulverladungen, waren im ganzen stabiler und robuster als die Coltrevolver.

De Brame-Revolver, Kaliber .44, 1861

Rogers & Spencer, Kaliber .44, Army-Modell

Massachusetts, Maynard-Zündplättchen, Taschenrevolver, Kaliber .28, 6schüssig

Bliss & Goodyear Pocket-Revolver, Kaliber .28, 6schüssig

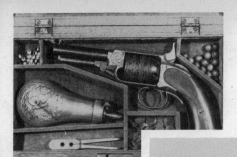

James Warner Pocket-Revolver, Kaliber .36, 6schüssig

Irving Pocket-Revolver mit Messingrahmen, Kaliber .31, 6schüssig

Starr-Revolver, Kaliber .44, 6schüssig

Fordyce Beals-Revolver, Kaliber .40, 5schüssig

Remington-Beals-Modell, Navy-Revolver, Kaliber .36.

Remington-Beals-Modelle

Fordyth Beals konstruierte die ersten Remington-Modelle, die Remington schlagartig von den Verkaufsziffern her neben den Marktersten Colt plazierten (er erreichte aber niemals die Colt-Produktionszahlen): Die ersten drei Modelle 1857, 1858 und 1859 waren Taschenmodelle im Kaliber .31. Sie wogen 11, 12 und 14 Unzen (312, 340 und 397 g) und waren 5schüssig. Insgesamt 5000 Stück wurden – hauptsächlich in den Westen – verkauft. Als Samuel Colt große Armeeaufträge für seinen Army-Colt 1860 erhielt, brachte Remington – gerade noch rechtzeitig – 1860 seinen Beals Army-Revolver im Kaliber .44, 6schüssig, mit einer Lauflänge von 8 Inches (20 cm) und einem Gewicht von 2 Pfund 14 Unzen (1304 g) heraus. Aber nur 3000 Stück wurden verkauft. Ebenfalls 1860 stellte er seinen Beals Navy-Revolver im Kaliber .36, 6schüssig, mit einer Lauflänge von 7,5 Inches (19 cm) und einem Gewicht von 2 Pfund 10 Unzen (1192 g) her, von dem er 8000 Stück verkaufte.

Remington-Rider Pocket-Revolver

Im gleichen Jahr brachte er für den zivilen Markt den von Joseph Rider entwickelten, sogenanten »Pilz-Trommel« (Mushroom Cylinder) Taschenrevolver im Kaliber .31, 5schüssig, mit einem Lauf von 3 Inches (7,6 cm) und 283,5 Gramm Gewicht heraus. Diese leichteste und zugleich beste Taschenwaffe Amerikas wurde besonders

Remington-Rider Pocket-Revolver mit »Pilz-Trommel«.

im Westen so geschätzt, daß Remington zwischen 1860 und 1888 davon mehr als 100 000 Stück herstellen konnte.

Remington 1861 Army-Revolver

1862, der Bürgerkrieg war auf dem Höhepunkt, stellte Remington 5000 Stück eines verbesserten Armeemodells, 2 Unzen (56,7 g) leichter als das Beals Army-Modell, und im gleichen Jahre eine Verbesserung des Remington 1861 Navy-Revolvers her, ebenfalls zwei Unzen leichter als das Beals Navy-Modell, von dem auch 5000 Stück verkauft wurden.

Remington 1862 New Army-Revolver

1863, der Sieg der Nordstaaten-Union begann sich abzuzeichnen, kaufte die US-Armee große Mengen des nun perfekten Remington New Army-Modells ein. Diese Waffe war wieder eine Verbesserung des 1861 Army-Revolvers und ohne technischen Makel. Sie wog 1304 Gramm und verdaute Pulverladungen von 20–30 Grain (1,3–2 g) Pulver. Nach dem Bürgerkrieg wurde der Remington New Army-Revolver eine der beliebtesten, offen getragenen Waffen, der noch weit in die Patronen-Ära hinein verwendet wurde.

Im gleichen Jahr erschien ebenfalls der Remington New Navy-Revolver mit einem Gewicht von 1192 Gramm.

Remington New Army-Revolver, Kaliber .44. Seriennummer: 75 396

Berühmte Seriennummer: 75396

Am 10. Mai 1865 suchte der aus dem Westen nach Kentucky fliehende Südstaaten-Guerillaführer William C. Quantrill mit seinen elf letzten Grenzbanditen in einem Heuschober bei Smiley, Kentucky, Schutz vor einem Wolkenbruch. Gleichzeitig kreuzte US-Captain Edward Terrell mit zwanzig Kavalleristen die frische Spur der im ganzen Westen wegen ihrer Bluttaten gesuchten Guerillas. In einem Feuergefecht gelang es nur drei Guerillas zu entkommen. Quantrill wurde schwer verwundet, und Captain Terrell nahm Quantrills Remington New Army-Revolver an sich:

»Eine Spencerkugel hatte Quantrills Hand zerschmettert, eine andere sein Brustbein durchschlagen. Er wird nicht mehr lange leben. Ich nahm seinen Revolver – Remington-Modell New Army, Seriennummer 75396, mit Inspektorzeichen ›A‹ und ›W‹ – an mich, und Quantrill sagte, daß es die Waffe von Bloody Bill Anderson sei und mit ihr mehr Nordstaatler umgebracht worden seien als mit irgendeinem anderen Revolver in Amerika. Ich habe die Waffe auf 20 Schritt Entfernung leergeschossen und alle sechs Kugeln in einen Briefumschlag plazieren können, was ganz hervorragend ist.«
Report von Edward Terrell, am 12. Mai 1865

Wie dieser Revolver in die Hand von Nelson Story kam, der im Frühjahr 1866 das spektakulärste Rinderherdentreiben von Texas nach Montana veranstaltete, ohne ein einziges Rind zu verlieren, obwohl er sich in Kansas durch die Todeslinie der »Jayhawkers«

Nelson Story, der 1866 eine Herde von 3000 Longhorns über 4000 Meilen von Texas nach Montana trieb, ohne ein einziges Rind zu verlieren.

und in Nebraska und Wyoming durch den blutigen Siouxaufstand kämpfen mußte, ist schleierhaft. Jedenfalls schrieb Story in sein Tagebuch:

»Die phantastische Schußleistung dieses Remington-Revolvers mit der Nummer 75396 hatte ich schon gesehen, als ich in Kentucky diese Waffe auf dem Wege nach Texas von einem Büchsenmacher kaufte, der allerhand davon faselte, daß es der Revolver von Bloody Bill Anderson und Quantrill gewesen sei. Alles Gewäsch! Ich zahlte 110 $, weil sie so hervorragend schoß. Aber richtig gesehen habe ich das erst, als wir uns von den Sioux die gestohlenen Pferde zurückholten. Von fünf Kriegern, auf die ich zielte, fielen auch genau fünf um.«
Tagebuch von Nelson Story am 12. Dezember 1866, S. 98

Aber wie dieser Revolver 1972 in die Hände eines kalifornischen Antikwaffenhändlers kam, ist leicht vorstellbar, denn Nelson Story wurde, nachdem er in Montana die erste große Ranch gründete, in Kalifornien der erste Erbauer eines Wolkenkratzers (Story Building). Und hier in Kalifornien im Jahre 1972, nahezu 90 Jahre, nachdem dieser Revolver die Remington-Fabrik in Ilion verließ, war er noch in hervorragendem Zustand. Auf eine Entfernung von 25 Metern ergab sich bei aufgelegter Waffe, beidhändig gehalten, ein Trefferstreukreis von sage und schreibe 14 cm bei sechs Schuß! Das wäre eines heutigen Präzisions-Dienstrevolvers würdig.

Remington New Belt-Revolver

Kurzläufige Ausgaben des New Navy-Revolvers brachte Remington ebenfalls 1863 im Kaliber .36 mit Läufen von 6,5 Inches (16,5 cm) als »Gürtel-Revolver« heraus. Das erste Modell mit Single Action-, das zweite Modell mit Double Action-Abzugssystem, das dritte Modell als sogenannter New Podel Police-Revolver mit Läufen von 3,5, 4,5, 5,5 und 6,5 Inches (8,9, 11,4, 14 und 16,5 cm). Auch diese »Navykaliber«-Modelle wurden von 1863–1888 hergestellt, hatten aber nur wenig Erfolg. Vom ersten Modell wurden 5000, vom zweiten 5000, vom dritten 8000 verkauft, und kaum eins davon tauchte im amerikanischen Westen auf.

Metallpatronenwaffen

»Smith & Wesson waren die ersten, die einen Revolver für Randfeuerpatronen im Kaliber .22 konstruierten. B. Tyler Henry erkannte erstmals die Möglichkeit, Randfeuerpatronen in Großkalibern herzustellen. In keinem Land der Erde wurde so viel mit Metallpatronen experimentiert wie in Amerika. Der Bürgerkrieg zeigte, daß sogar Randfeuerpatronen im gewaltigen Kaliber .58 möglich waren. Colonel Berdan entwickelte die erste brauchbare Zentralfeuerpatrone, und im Handumdrehen war der Weg frei für neue, bessere Verschlüsse, für neue Repetiersysteme und für neue Schußweiten und Trefferstreukreise.«
Herschel C. Logan; Cartridges

Einzelladergewehre

Konversionen

»Granddaddy of em all«, Großvater von allen, nennen die Waffenexperten die Sharps-Rifles, weil diese als erste – und am einfachsten – durch geringe technische Änderungen von Perkussionszündung auf Patronen umgestellt wurden. Man nahm den alten Fallblock heraus und ersetzte ihn durch einen anderen, der einen Schlagbolzen enthielt. Nun schlug der Hahn statt auf einen Zündpiston auf ein Schlagstück, das den Stoß an einen Schlagbolzen (zweiteilig für Randfeuerpatronen, einteilig für Zentralfeuerpatronen) weitergab.

Diese Änderungen, sogenannte »Konversionen«, wurden schon gegen Ende des Bürgerkrieges sehr zahlreich, besonders an langläufigen Sharps-Jagdgewehren vorgenommen. So war es zum Beispiel sehr einfach für jeden Büchsenmacher im Westen, ein Sharps-Perkussionsjagdgewehr, das für die .52er Leinenpatrone eingerichtet war, für die .52–70 Randfeuermetallpatrone zu »konvertieren«, indem man einfach einen anderen Fallblock installierte und das Pa-

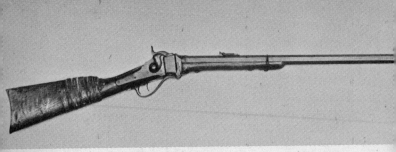

Sharps Buffalo-Rifle, Kaliber .40–120–500, von Bill Tilghman.

tronenlager exakt ausrieb. Eilige Jäger konnten auf solche Arbeiten sogar warten. Zum Teil erhielten die Sharps-Gewehre aber auch zusätzlich andere Läufe, was ebenfalls leicht zu bewerkstelligen war, weil nur die alten heraus- und die neuen hineingeschraubt werden mußten. Auf diese Weise wurden die alten Sharps-Perkussionsgewehre für die mannigfaltigsten Patronen in einer Unzahl von Kalibern umgeändert.

Amerikanische Patronenbezeichnungen

Die erste Zahl bezeichnet das Kaliber, die zweite die Pulverladung, die dritte das Gewicht des Geschosses. Zum Beispiel: .45 (Kaliber 11,43 mm) -120 (Pulverladung in Grains = 7,8 g) -500 (Geschoßgewicht in Grains = 32,4 g).

$$\text{Kaliber } .45 = \frac{45}{100} \text{ Inches (25,4 mm)} = \frac{45 \times 25,4}{100} = 11,43 \text{ mm}$$

1 Grain = 0,0648 Gramm

Für die Sharps-Karabiner des Bürgerkrieges wurde die Kaliber .58 Karabiner-Randfeuerpatrone entwickelt. Aber Sharps-Karabiner mit Randfeuerpatronen erfreuten sich im Westen keiner großen Beliebtheit, weil einmal abgeschossene Randfeuerpatronen nicht mehr neu geladen werden konnten. Dies ist auch der Grund dafür, warum Waffen, die für Randfeuerpatronen eingerichtet waren, im Westen den Perkussionsgewehren nicht vorgezogen wurden. Randfeuerpatronen waren teuer, und sie waren schwer. Vor allem war man an Händler gebunden, die sie führten. Und die waren sehr häufig Hunderte von Meilen entfernt. Die etwas später hergestellten Zentralfeuerpatronen dagegen konnten nahezu unbeschränkt mit einer einfachen Universalzange immer wieder neu mit Zündhütchen, Pulverladung und Geschoß versehen werden, so daß sich hier die Vorteile der Perkussionszündung und der Patrone ideal vereinigten. Sharps-Rifles und -Karabiner aber, die für Zentralfeuerpatronen konvertiert wurden, haben im Westen als Hochgeschwindigkeitsgewehre im Kampf der Cowboys gegen Indianer und Viehdiebe bis zur Einführung der Winchester-Repetiergewehre die größte Rolle überhaupt gespielt. Natürlich wurden auch viele andere Perkussionsbüchsen und -karabiner für Metallpatronen konvertiert, aber sie spielten im Westen keine so große Rolle wie die Sharps-Gewehre.

Aber die stark geschrumpfte US-Armee, die nach dem Bürgerkrieg in den Westen zog, bewaffnete sich hauptsächlich mit konvertierten Perkussionsmusketen, -Karabinern und Rundfeuerpatronenwaffen, die sie schon während des Krieges angeschafft hatten.

US-Springfield »Trap-Door«-Modell

1865 schon hatte der Waffenmeister der Springfield-Waffenfabrik Erskine S. Allin eine Änderung der Springfield-Büchsmusketen vorgenommen, indem er das ganze hintere Teil des Laufs mit dem Perkussionspiston abschnitt und seinen sogenannten »Falltürverschluß«, eingerichtet für die Patrone Kaliber .45–70, anbrachte. Das Fetterman-Massaker bei Fort Kearney in Nebraska 1866, bei dem eine ganze Schwadron unter Leutnant Fetterman von Sioux bis auf den letzten Mann umgebracht wurde, bewies, wie gefährlich es war, die Armee mit Vorderladergewehren in den Westen zu schicken, in dem die Sioux stets mit den neuesten Gewehren (in diesem Falle mit Repetiergewehren) bewaffnet waren. Die sogenannte »Wagenkastenschlacht« ein Jahr später, bei der nur 33 Soldaten mit diesen neuen »Trap-Door-Springfields« mehr als 800 angreifende Sioux vernichtend schlugen, zeigte, wie überlegen schnell zu ladende Patronenwaffen sein konnten.

US-Springfield-Rifle, Kaliber .45–70, »Trap-Door«-Conversion, Modell 1865.

Noch viele Jahre quälte sich die US-Armee mit der geradezu abenteuerlichen Waffenvielfalt des Bürgerkrieges herum. So waren noch bis 1880 im Westen folgende Einzelpatronenlader im Gebrauch: Springfield, Enfield, Harpers-Ferry, Lindsey, Whitney, Remington, Savage, Mason, Jenks, Providence, Henry-Martini, Peabody, Burnside, Wesson, Sharps, Ballard, Joslyn, Smith, Hall, Maynard, Gallagher und viele mehr.

Bei den Karabinern sah die Lage noch bunter aus. Die Pioniere wollten von solchen Waffen nichts wissen. Lediglich die Jäger unter ihnen waren an starken Einzelladern interessiert.

Remington Rolling-Block-Gewehr

Im April 1865 hatten Leonard Geiger und Joseph Rider in der Remington-Fabrik in Ilion einen völlig neuen Verschluß entwickelt: den um eine Achse drehbaren Drehblockverschluß, der so einfach, so narrensicher und so widerstandsfähig war wie kein anderer Verschluß zuvor. Eine der ersten Sendungen dieser Gewehre, die in den Westen kamen, landete in Fort Leavenworth, Kansas. Nelson Story, der 1866 mit seiner Herde ankam und sich mit einigen Wagenladungen voller Waren für Virginia City in Montana versorgte, kaufte alle vorhandenen 30 Rolling-Block-Gewehre:

»Sie erreichten Fort Laramie, dann Fort Reno am Rande der Wyoming Badlands und gerieten dort in einen Sioux-Hinterhalt. Aber die

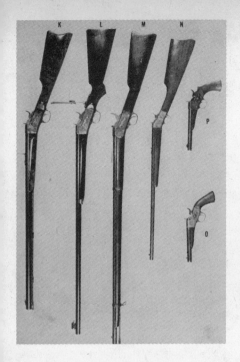

Remington Rolling-Block-Gewehre:
K=Büffelgewehr, Kaliber .50–70 mit 30-Inches-Lauf. L=Creedmore-Rifle, Kaliber .44–90, Hochgeschwindigkeitsgewehr. M=Militärgewehr, Kaliber .50–70 mit 35-Inches-Lauf. N=Zerleggewehr (Takedown-Rifle), Kaliber .22 lang Randfeuer. O=Navy-Pistole, Kaliber .50. P=Armeepistole, Kaliber .50.

30 Rolling-Block-Gewehre, mit denen man 17mal in der Minute feuern konnte, brachten den Sioux solch schwere Verluste, daß sie einen weiten Bogen um Storys Herde und Wagenzug machten. In Fort Kearney verbot Colonel Carrington Story die Weiterreise, weil 3000 Sioux, Arapahoes und Cheyennes den Bozeman Trail blockierten. Aber Story zog weiter. Noch dreimal ließ Häuptling Red Cloud seine Krieger in vielfacher Übermacht den Treck überfallen, doch schließlich hatte er durch die Rolling-Block-Gewehre mehr Krieger verloren als in 10 Jahren Kampf gegen die US-Armee. Story erreichte ohne Verluste Montana, und von nun an wurde die Remington Rolling-Block-Rifle so populär unter den Jägern wie die Sharps.«
H. L. Peterson: The Book Of The Gun, S. 184

Etwa um 1870 hatte die Metallpatrone amerikanische Waffenkonstrukteure zu zahllosen Verschlußsystemen inspiriert. Da gab es Fallblock-, Drehblock-, Falltür- und Kippverschlüsse, Kipplauf-,

Spencer-Repetiergewehr

Vorlauf-, Rücklauf- und Wenderverschlüsse. Aber die Leute im fernen Westen, die mit Pepperbox- und Perkussionsrevolvern den Vorteil von Handwaffen erkannt hatten, die man mehrfach schießen konnte, ohne laden zu müssen, verlangten nach Repetierwaffen mit möglichst hoher Ladekapazität.

Repetiergewehre

»Ein einziger Schuß reicht selten aus. Selbst ein hervorragender Schütze gibt gelegentlich einen Fehlschuß ab; oft gibt es mehrere Ziele, die zu treffen sind. Die Zeit, die mit Wiederladen verschwendet wird, kann kritisch sein, wenn das Ziel sich entfernt oder – zurückschießt. Es gibt auch Umstände, die Wiederladen nicht erlauben, zum Beispiel auf dem Rücken eines galoppierenden Pferdes ... Vielschüssige Waffen gibt es schon seit 1660, sie sind so häufig, daß man sie nicht zählen kann. Zum Beispiel die deutsche ›Totenorgel‹, die aus 144 Läufen bestand. Aber schon 1435 gab es die siebenläufige Bastille. Je besser die Zündsysteme wurden, um so zahlreicher wurden auch die Vielschußwaffen. Gebündelte Läufe führten von der Pepperbox über die Gatlingkanonen zu den heutigen Schnellfeuer-Vulkankanonen in Düsenjägern – das Prinzip blieb dasselbe. Die erste Brauchbarkeit von Repetierwaffen aber wurde ... im Wilden Westen ausprobiert ...«
H. L. Peterson, The Book Of The Gun, S. 189–202

Colt-Revolvergewehre

Von 1837 bis 1839 hatte Samuel Colt 1850 Revolvergewehre, -karabiner und -flinten nach dem System der Paterson-Revolver hergestellt. Ein Revolvergewehr nach dem Dragoon-Typ von 1847 hatte keinen Erfolg, ein erneuter Versuch 1852 auch nicht. Erst

1855, als Samuel Colt den von Elisha Root entwickelten »Seitenhammer-Taschenrevolver« auf den Markt brachte, gelang es ihm, ein nach dem gleichen Prinzip konstruiertes »Seitenhammer-Gewehr« erfolgreich auf dem militärischen und zivilen Markt zu verkaufen. Insgesamt 17 200 dieser Revolvermusketen, Gewehre und Karabiner verkaufte er an die Armee und an Pioniere im Westen. Im Winter 1875/76 erzielte der Trapper und Mountain-Man Muggins Taylor mit einer kurzläufigen Colt-Büchse im Kaliber .44, deren Trommeln er mit doppelten Pulverladungen versehen hatte, bei der Belagerung des Handelsforts »Pease« am Yellowstone River einen legendären Treffer: Auf eine Entfernung von zirka 800 Metern traf er einen Siouxhäuptling, der sich – natürlich – sicher wähnte, mit dem ersten Schuß tödlich.

Nummer 478

»Dieses vollgeschäftete Colt-Revolverjagdgewehr im Kaliber .44, von dem nur 50 Stück gemacht worden sind, war ein ausgesucht feines. Statt dem üblichen Firmenstempel in Druckbuchstaben hatte man dieser Waffe die Firmenadresse (Adress S. Colt Hartford Ct. U.S.A.) in altenglischer Schreibschrift auf die Laufoberseite eingraviert. Der Lauf war nicht blau, sondern braun, und die Waffe hatte die Seriennummer 478. Ich habe sie im April 1859 von dem englischen Leutnant Hans Busk, der bei den Victoria-Rifles diente, gekauft. Busk hat damals dieses Gewehr für die Colt-Fabrik getestet und auf 400 Yards Entfernung (360 m) Trefferstreukreise bis 48 Schuß von 1¹/₂ Fuß (45 cm) erreicht. Er sagte mir, daß er kein Gewehr kenne, das besser schieße. Ich habe auch auf 300 Yards stets jedes Wild sicher getroffen, aber bei diesem Schuß damals waren es 800 Yards. Ich wollte mal sehen, ob die 600-Yards-Markierung auf meinem Visier bei doppelter Pulverladung ausreichen würde. Ich hatte den Siouxhäuptling im Visier, aber er erschien mir klein wie eine Mücke. Ich drückte ab, kriegte einen gewaltigen Schlag, und die zwischen Trommel und Lauf hervorspritzende Flamme hat mir die linke Hand verbrannt. Dann warf der Bursche mit der großen Federhaube beide Arme hoch und fiel um. Die meisten Männer haben längst Patronengewehre, aber ich bleibe bei meiner kleinen Colt-Büchse.«
Muggins Taylor in seinem Tagebuch von 1875

Den Colt-Revolvergewehren war aber aus vielerlei Gründen kein größerer Erfolg beschieden.

Unterhebelrepetierer

Spencer-Repetiergewehre

Einer der ersten, die um die Randfeuerpatrone ein völlig neuartiges Repetiersystem herumkonstruierten, war Christopher M. Spencer. Sein 7schüssiges Repetiergewehr holte durch einen Unterhebelmechanismus die sieben Patronen aus einem Schaftröhrenmagazin in das Patronenlager des Laufs. Die US-Armee rüstete im Bürgerkrieg zehn Regimenter mit 100 000 Spencer-Karabinern und -Gewehren aus, und selbst in der Custer-Schlacht 1876 am Little Big Horn, in der Sioux das ganze Kommando General Custers bis auf den letzten Mann aufrieben, war der Spencer-Karabiner noch die Standardwaffe der US-Kavallerie. Nach dem Bürgerkrieg bevorzugten vor allem Texas-Cowboys auf ihren langen Trails nach Norden den 3745 Gramm schweren Karabiner, der Patronen im Kaliber .52 (13,2 mm) mit einer Pulverladung von 48 Grains (3,1 g) und einem Geschoßgewicht von 385 Grains (25 g) verschoß. Aber nur so lange, bis ihnen die Winchester-Repetiergewehre Vorteile boten, die man bis dahin für unmöglich gehalten hatte.

Volcanic-Repetiergewehre

1854 hatten Horace Smith und Daniel B. Wesson einen völlig neuen Repetiermechanismus entwickelt. Ein Kniegelenksystem setzte, von einem als Abzugsbügel ausgebildeten Unterhebel betätigt, gleichzeitig einen Fallblock in Bewegung, der aus einem Röhrenmagazin unter dem Lauf Patronen in den Lauf hinein transportierte und den Hahn spannte.

Zurück ging dieses Patent auf den Erfinder Walter Hunt, der schon 1848 eine »hülsenlose Geschoßpatrone« entwickelt hatte. Ein ausgehöhltes Geschoß enthielt eine Pulverladung und war mit einer Scheibe verschlossen, die ein Zündhütchen enthielt. Das war Hunts 1849 patentiertes »Volitional-Repetiergewehr«. 1850 verbesserte Lewis Jennings den Hunt-Mechanismus. Nachdem 5000 dieser Jennings-Repetiergewehre hergestellt waren, verkaufte man an Smith & Wesson, die das erneut von B. Tyler Henry verbesserte Gewehr als neue Waffe in ihrer Volcanic Repeating Arms Company herstellten. Je nach Lauflänge faßte das Röhrenmagazin eines sol-

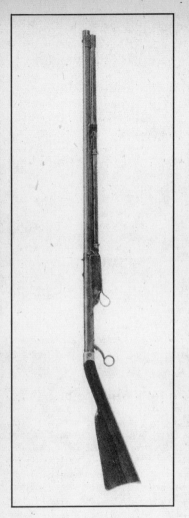 

Hunt-Repetiergewehr, Kaliber .54, Modell 1849.

Jennings Röhrenmagazin-Repetiergewehr, 2. Modell, Kaliber .54.

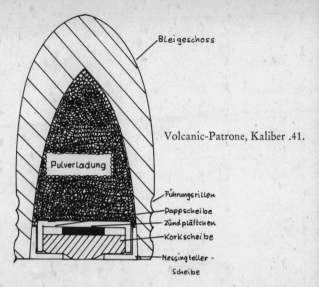

Volcanic-Patrone, Kaliber .41.

chen Volcanic-Gewehrs zwischen 20 und 30 Geschoßpatronen. 30mal ohne zu laden schießen! Das hatte es noch nie gegeben. Das waren zwei Schüsse pro Sekunde, 30 Schuß in 15 Sekunden, ohne daß man das Gewehr aus dem Anschlag nehmen mußte. Ein Reporter der »New York Tribune« schrieb 1855 in hochtönender Begeisterung:

»Diese Volcanic-Gewehre und -Pistolen scheinen die Ultima ratio aller Feuerwaffen zu sein, und die Firma wird sich vor Aufträgen kaum noch retten können. Man stelle sich vor, wie nun die Eroberung der öden Gebiete im Westen vorangetrieben werden kann. Indianer sind überhaupt kein Problem mehr. Den riesigen Büffelherden und den Millionen von Mustangs, Raubkatzen, Bären und Wölfen und allen, die bisher Menschen Furcht und Angst einflößten, ist aller Schrekken genommen. Man stelle sich vor, daß nur 15 Männer eines Planwagenzuges, ausgerüstet mit 30schüssigen Repetiergewehren, in sage und schreibe 15 Sekunden jeden Gegner mit einem Bleihagelgewitter von 450 Kugeln überschütten können. Wenn immer zehn Mann schießen und fünf laden, so nimmt das Feuern überhaupt kein Ende mehr. Es kracht und blitzt, solange Munition vorhanden ist. Man wird statt Pianos, Kommoden, Orgeln und sonstigem Tand kistenweise Munition in den Westen tragen, und keine Macht der Welt wird Amerikaner aufhalten.«

Der Reporter behielt nicht recht. Die Volcanic-Patronen hatten den großen Nachteil, daß die Pulverladungen, die man in den Geschossen unterbringen konnte, viel zu schwach waren und ihnen nur eine sehr geringe Schußweite und Durchschlagskraft verliehen. 1857 war die Firma pleite. Für ein Butterbrot erwarb sie im gleichen Jahr der Hemdenfabrikant Oliver F. Winchester. Der Hemdenmacher aus Massachusetts nannte die Firma in »Henry Repeating Arms Company« um und machte B. Tyler Henry zum Generaldirektor. Henry verbesserte den Fallblockmechanismus und entwickelte eine Kaliber .44 Randfeuerpatrone mit einem genügend großen Gasdruck von 26 Grain Pulver (1,7 g) und einem 216 Grain schweren Vollbleigeschoß (14 g). 1862 trat Winchester mit der ersten fertigen Henry-Rifle vor die Öffentlichkeit. Die öffentliche Vorführung der leichten Waffe, die 16 Patronen in zehn Sekunden verschießen konnte, war ein gewaltiger Erfolg.

Henry-Rifle Modell 1862

Winchester hoffte – mitten im Krieg – auf einen großen Regierungsauftrag. Wenn er ihn erhalten hätte, wäre der Krieg wahrscheinlich schneller vorüber gewesen und Hunderttausende von Soldaten am Leben geblieben. Aber der Chef des US-Waffenamts, Brigadegeneral James Wolfe Ripley, der die Einfachheit der alten Springfield-Musketen bevorzugte, kaufte nur 1731 Henry-Gewehre, mit denen er die Columbia-Kavallerie und die 1. Maine-Kavallerie ausrüstete, von denen er wußte, daß sie als Reserveeinheiten im Hintergrund der Schlachten blieben.

Den ersten Einsatz hatten diese Truppen im August 1864 bei Dinwiddie Court House, einen Tag vor der Schlacht bei Five Forks. Samuel H. Merril, ein Feldgeistlicher, beschreibt den Einsatz der Henry-Rifles:

»Die 1. Maine stieg von den Pferden und kniete in Feuerlinie vor der angreifenden Kavallerie der Konföderierten nieder. Dann eröffneten sie das Feuer mit den Sechzehnschüssern, und der Angriff ging in einem nicht enden wollenden Feuer unter und endete mit Bergen von toten Pferden und Soldaten. Der konföderierte Guerillaführer Mosby soll nach diesem Desaster gesagt haben: ›Gegen Gewehre zu kämpfen, die sonntags geladen werden und dann die ganze Woche schießen, ist sinnlos.‹«

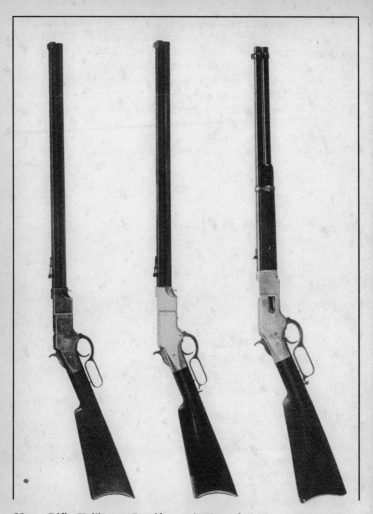

Henry-Rifle, Kaliber .44 Randfeuer mit Eisenrahmen.

Henry-Rifle, Kaliber .44 Randfeuer mit Messingrahmen. Hergestellt 1861 und 1862.

Winchester-Modell 1866 Karabiner, Kaliber .44 Randfeuer Henry, Nr. CO 17760, Baujahr 1867, frühes Transitionsmodell mit seltener »Henry Adresse« (L. C. G. auf Rahmen).

Eine andere berühmte Geschichte berichtet über den ersten Gebrauch einer Henry-Rifle im Westen von Kansas, wo sich die Guerillatruppen von Dr. Charles Jennisons Jayhawkers (Norden) mit denen des Schulmeisters William Quantrill (Süden) erbitterte Blutbäder lieferten und Sympathisanten beider Seiten in ihren Häusern im Kreise ihrer Familie ermordet wurden. Der Kentuckier James M. Wilson, ein Nordstaatenanhänger, wurde eines Tages von sieben Quantrill-Guerillas in seinem Hause überfallen:

»Einige Kugeln fuhren durch seinen Hut, noch mehr durch seine Kleidung, als er zum Haus lief, um seine Henry zu holen. Dann hatte er sie und begann zu schießen. Zwei Guerillas fielen von den Pferden, dann ein dritter und ein vierter, und immer noch hatte keiner von ihnen Gelegenheit gehabt, die abgeschossenen Waffen zu laden. Dann war ein fünfter tot. Der sechste warf sich in den Sattel, eine Kugel schoß ihm vier Finger ab, eine weitere traf ihn in den Kopf. Der siebte Guerilla hob gerade seine wiedergeladene Waffe, als auch ihn eine Kugel aus der Henry tötete.«
H. L. Peterson: *The Book Of The Gun*, S. 242

Beim Fetterman-Massaker Weihnachten 1866, als Sioux unter Red Cloud bei Fort Phil Kearney in Nebraska 80 Soldaten unter dem leichtfertigen Lieutenant Fetterman bis auf den letzten Mann töteten, waren auch zwei Trapper mit Henry-Gewehren dabei. Man fand beide Trapper später ohne ihre Henrys, aber umgeben von leeren Patronenhülsen. Zahlreiche Blutlachen deuteten darauf hin, daß sie sich sehr gewehrt hatten. Red Cloud versicherte 1868 einem Reporter der »New York Herald Tribune«:

»Dieser junge Offizier war verrückt. Er hatte keine Chance. Alle Soldaten waren rasch getötet. Aber zwei weiße Trapper hatten Henry-Gewehre. Sie haben mehr als vierzig meiner Krieger getötet, ehe sie fielen. Wenn wir, die Indianer, solche Gewehre hätten, gäbe es in zwei Jahren keinen Amerikaner mehr in Amerika.«

Nun, das war wohl etwas übertrieben, denn wenige Jahre später waren auch die Indianer größtenteils mit Winchester-Repetiergewehren bewaffnet und hatten gegen die Übermacht der Weißen trotzdem keine Chance.

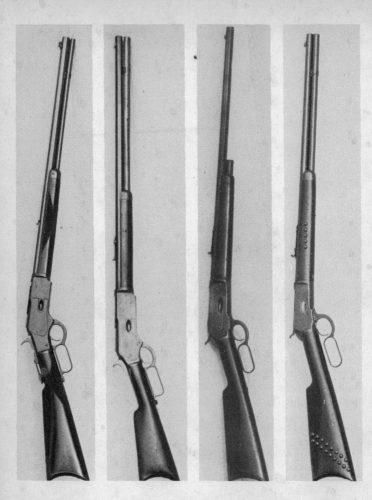

Von links nach rechts:

Winchester Modell 1873 Rifle, Seriennummer 200 462, Kaliber .32–20 Winchester, Lauflänge 61,9 cm (24³/₈ Inches), Baujahr 1886, sog. »Fancy-Scheibenbüchse«, verstellbare Lochkimme 100–1000 Yards, Zustand: fabrikneu. Unmarkierte »One of One Thousand«.

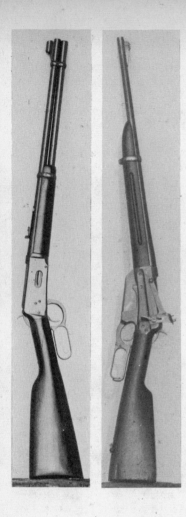

Winchester Modell 1876 Rifle, Seriennummer 16 313, Kaliber .44–85 Winchester, seltene Lauflänge 71 cm (28 Inches), Baujahr 1881, Zustand: sehr gut.

Winchester Modell 1886 Rifle, Seriennummer 133 429, Kaliber .45–90, Lauflänge 66 cm (26 Inches), Baujahr 1904, Halbmagazin, Zustand: sehr gut.

Winchester Modell 1892 Rifle, Seriennummer 11 078, Kaliber .38–40 Winchester, Lauflänge 61,5 cm (24²/₈ Inches), Baujahr 1892, seltenes 1. »Promotion Modell«, Indianerwaffe des Siouxhäuptlings Little Bald Eagle.

Winchester Modell 1894 Karabiner, Seriennummer 2 417 783, Kaliber .30–30, Lauflänge 51 cm (20 Inches), Baujahr 1954, Zustand: fabrikneu.

Winchester Modell 1895 Karabiner, Seriennummer 109 208, Kaliber .30–40 Krag, Lauflänge 56 cm (22 Inches), Baujahr 1915, Texas-Ranger-Waffe, die gegen die Verbrecher »Bonny and Clyde« eingesetzt wurde.

Winchester 1866

1866 verbesserte der Nachfolger von B. Tylor Henry die Henry-Rifle mit einem besseren Patronenhülsenauszieher, und an der rechten Rahmenseite brachte er eine Patentladeöffnung an. Ein Vorderschaft aus Holz wurde angepaßt und mit einem eisernen Schaftband befestigt. Die Büchse (Rifle) hatte einen 24-Inches-Lauf (61 cm), war 4086 Gramm schwer und faßte 17 Patronen, die Muskete hatte einen 27-Inches-Lauf (68,5 cm), war 4100 Gramm schwer und faßte ebenfalls 17 Patronen. Der Karabiner besaß einen 20-Inches-Lauf (50,8 cm), war 3518 Gramm schwer und faßte 13 Patronen.

Daß von den Gewehren und Karabinern bis 1873 118 600 Waffen verkauft wurden – hauptsächlich in den amerikanischen Westen –, ist kein Wunder, denn eine idealere Repetierwaffe als die Winchester 1866 gab es zu dieser Zeit nicht. Vor allem die ab 1866 mit Riesenherden von Longhornrindern nach Norden treckenden 30 000 Cowboys aus Texas hatten alle ihre Winchester-Karabiner in den offenen Sattelgewehrfutteralen (Scabbard), und unzählbar sind die haarsträubenden Geschichten um diese Waffe.

Winchester 1873

Den Ruhm, das am weitesten verbreitete Gewehr des »Wilden Westens« gewesen zu sein, nahm aber das nachfolgende Modell für sich in Anspruch. Der ganze Mechanismus der 1866er wurde erheblich verstärkt, um die Zentralfeuerpatronen zu »verdauen«. Zunächst wurde die Winchester 1873 für die starke Nahkampfpatrone Kaliber .44–40 ausgelegt. Die 40 Grain (2,6 g) Pulver gaben dem 240 Grain (15,6 g) schweren Bleigeschoß mit abgestumpftem Kegel eine gute Treffgenauigkeit auf Entfernungen bis zu 100 Metern. Der Karabiner mit 20-Inches-Lauf faßte 12 Patronen, das Gewehr mit 24-Inches-Lauf 15 Patronen. Der Karabiner wurde zur meistverbreiteten Verteidigungswaffe des Westens, die Kaliber .44-40er Patrone die populärste. Als 1878 Colt den Single Action Army-Revolver, der bisher nur im Kaliber .45 hergestellt worden war, auch für diese Winchester-Patrone auslegte, waren die Winchester 1873 und der Colt Frontier-Revolver die idealste Waffenkombination, die der Mann im Westen besitzen konnte, denn er brauchte nun für Gewehr und Revolver nur eine einzige Patrone. Diese Standardbewaffnung machten sich sowohl Cowboys wie Viehdiebe, Marshals, Sheriffs,

Texas Rangers, Pinkerton-Detektive wie Outlaws, Eisenbahn- und Bankräuber zunutze. Das Winchester-Gewehr wurde als Büchse, Muskete und Karabiner von 1873 bis 1925 in insgesamt 720 610 Exemplaren hergestellt.

Winchester 1876

Der Wunsch der Großwildjäger nach einer weitreichenden Repetierwaffe, aus der man Hochgeschwindigkeitspatronen verschießen konnte, veranlaßte Winchester, 1876 ein in allen Teilen erheblich verstärktes Modell herauszubringen, die »größte und schwerste« Winchester, die es je gab. Sie wurde in den Großkalibern .45–75–350, .45–125 Express, .45–60 und .40–60 hergestellt. Die Büchse faßte zwölf Patronen, der Karabiner neun, die Gewichte bewegten sich zwischen 4400 und 4500 Gramm. Aber für die Büffeljagd kam sie zu spät, denn 1877 waren bereits 30 Millionen Büffel ausgerottet. Die meisten Winchester-1876-Gewehre wurden von Großwildjägern in Afrika und Asien verwendet.

Winchester 1886

1886 änderte Winchester das ganze Ladesystem: Statt des bisherigen Fallblocks gab es nun einen Ladelöffel und einen mit Rahmenschienen verriegelten, robusten Verschluß, der schwerste Pulverladungen vertrug. Aber auch diese Gewehre kamen nur in geringen Zahlen in den Westen, die weitaus meisten der insgesamt 159 994 hergestellten Büchsen wurden außerhalb des Westens zur Jagd verwendet.

Winchester 1892

Diese Mini-Ausführung der schweren 1886er ersetzte die inzwischen im System veraltete 1873er und verwendete die gleichen mittleren Patronen Kaliber .44–40, .38–40, .32–20 und .25–20, die sich im Westen auf mittlere Entfernungen von 60 bis 80 Metern so hervorragend bewährt hatten. Aber als diese Waffe 1893 auf den Markt kam, war der sogenannte »Wilde Westen« vorbei. Die Indianerstämme hatten sich, sehr verringert und müdegekämpft, in Reservate zurückgezogen, die großen Transkontinental-Eisenbahnen der

Northern Pacific, Union Pacific und Southern Pacific waren vollendet, die Gold- und Silberschätze in Kalifornien, Nevada, Montana, Colorado und Arizona bis auf den letzten Nugget ausgebeutet. Das Rindertreiben war längst beendet, die Staaten im Norden hatten inzwischen selbst eine florierende Rinderindustrie. Die Siedler und Rancher hatten Besitz vom ganzen Westen ergriffen und ihre Parzellen mit Stacheldrahtzäunen umgeben. Die Flüsse waren von den Dampfschiffen bis in den letzten Seitenarm erschlossen. Brücken überspannten abgrundtiefe Schluchten, Tunnels durchschnitten die Felsengebirge. Staudämme hatten die Trockenheit besiegt. Nur noch vereinzelte, ruhelose Banditenbanden durchstreiften die öden Wüstengebiete und schlugen aus dem Hinterhalt hin und wieder zu. Aber wohlausgebildete Polizeitruppen jagten sie, bis sie zur Strecke gebracht waren. Der letzte Aufstand der Sioux am Wounded-Knee-Fluß war von der US-Armee brutal zusammengeschossen worden. Dennoch wurden von diesem Winchester-Modell bis 1941 mehr als 1 Million Stück hergestellt.

Winchester 1894

Dies ist die Hollywood-Winchester des Films und Fernsehens, auch wenn die Handlung zu einer Zeit spielt, als es eine Winchester 1866 noch gar nicht gab. In Wirklichkeit ist dieses Gewehr eine mittlere Jagdwaffe mit dem Jagdpatronenkaliber .30-30 (vereinzelt auch .32-30) für die Jagd auf kleines Schalenwild. Sie wurde auch von Gefängnisbeamten und Grenzpolizisten als kleiner, leichter Karabiner (2610 g) verwendet, den man zur Not mit einer Hand schießen konnte.

Winchester 1895

Mit der Einführung des rauchlosen Nitropulvers, das einen erheblich größeren Gasdruck als das Schwarzpulver entwickelt und viel schneller abbrennt, war es notwendig, einen noch robusteren Verschluß zu schaffen. Dies geschah in der 1895er Rifle, die hauptsächlich eine Militärwaffe sein sollte. Aber besonders die Texas Rangers rüsteten sich mit dem Karabinermodell dieser Waffe aus und behielten sie bis etwa 1942.

Vorderschaftrepetierer

W. H. Elliot, der Mann, der für die Remington-Fabrik den Double-Derringer und verschiedene andere Waffensysteme entwickelt hatte, erfand 1883 einen Repetiermechanismus, der seitdem nicht nur in den USA berühmt geworden ist, sondern auch noch heute für Flinten, Büchsen und Polizeiwaffen verwendet wird: den sogenannten Vorderschaftrepetierer. Bei diesen Repetierwaffen befindet sich das Patronenmagazin als Röhrenmagazin unter der ganzen Lauflänge – wie bei den Winchester-Gewehren –, aber repetiert wird mit einem beweglichen Griff, der als Vorderschaftgriff ausgebildet ist: Wenn man diesen Vorderschaftgriff zurückzieht, springt ein Ladelöffel mit einer Patrone nach oben. Schiebt man den Vorderschaft nun wieder nach vorne in die alte Position zurück, schiebt der sich schließende Verschluß die hochgehobene Patrone ins Patronenlager des Laufs, und Hahn und Abzug sind gespannt. Auf diese Weise ergibt sich eine Repetiergeschwindigkeit, die bereits an eine automatische Waffe denken läßt. Acht Schüsse in vier Sekunden gezielt abzugeben ist keine Schwierigkeit. Diese Vorderschaftrepetierer hatten den Vorteil, daß man das Gewehr während des Repetierens nicht aus der Visierlinie und aus dem Schulteranschlag herauszunehmen brauchte.

Die Firma Colt übernahm Elliots Patente und kam 1884 mit einem Vorderschaftrepetierer heraus, den sie »Lightning Magazine-Rifle«, auf Deutsch »Blitzschlag-Magazin-Gewehr« nannte.

Colt Lightning Magazine-Rifle

Das erste Modell dieser sogenannten »Slide-Action-Gewehre« wurde als langläufige Rifle und als kurzläufiger Karabiner hergestellt. Die Rifles wogen zwischen 6,75 und 7,25 Pfund (3065 und 3300 g), ihr Röhrenmagazin faßte 15 Patronen der Kaliber .32–20, .38–40 und .44–40, und sie hatten Läufe von durchschnittlich 26 Inches (66 cm) Länge. Die Karabiner (sogenannte »Saddle-Carbines«) wogen 6,25 Pfund (2838 g), und ihre Röhrenmagazine faßten 12 Patronen unter normalerweise 20 Inches (50 cm) langen Läufen. Zwischen 1884 und 1902 wurden insgesamt 89 777 Stück hergestellt.

Das zweite Modell erschien mit leichtem Rahmen 1887 auf dem Markt und war ausschließlich für die Kleinkaliber .22 kurz und .22 lang Randfeuer eingerichtet, 2610 Gramm schwer, und die nur bis zur Laufhälfte gehenden Magazine faßten 15 beziehungsweise 16

Patronen. Diese kleinen »Plinking-Rifles« (Übungsgewehre) wurden im Westen hauptsächlich von Halbwüchsigen für das »Spaßschießen« verwendet. Zwischen 1887 und 1904 wurden 89 912 Stück hergestellt.

Das dritte Modell war mit einem schweren Rahmen für die Hochgeschwindigkeits-Jagdpatronen Kaliber .38–56, .40–60, .45–60, .45–65, .45–85 und .50–95 Express eingerichtet, vermochte aber dem schweren Winchester-Modell 1886 in den weiten Jadrevieren der Rocky Mountains und Kanadas nicht den Rang abzulaufen, obwohl die schwere Lightning der Winchester gegenüber viele Vorteile besaß. Mit durchschnittlich 26-Inches-Lauf war eine solche Waffe zehn englische Pfund (4540 g) schwer, und das Magazin faßte acht bis zehn große Patronen. Nur 6496 Stück dieser Rarität wurden zwischen 1887 und 1894 hergestellt.

Das erste und dritte Modell dieser Colt Lightning-Gewehre geriet fast zwangsläufig nahezu ausschließlich in den amerikanischen Westen, wurde von Cowboys, Gesetzesbeamten und Siedlern verwendet. Aber 1884 beziehungsweise 1887 war die Ära des Wilden Westens fast zu Ende und die Popularität der Winchester-Unterhebelrepetierer von keinem Gewehrmodell mehr zu schlagen.

Horace Smith

Daniel B. Wesson

Patronenrevolver

»Es gibt wohl kaum ein Instrument, das die Vorstellung in der Welt vom sogenannten ›Wilden Westen‹ so geprägt hat wie der Patronenrevolver in der Hand wahnsinnig gewordener Gewaltmenschen – so wie es sich Filmemacher und Romanautoren vorstellen. Daß der Revolver eine ganz andere Rolle gespielt hat, ist diesen Leuten einfach nicht beizubringen.«
T. L. Lang: What About The West?, S. 3

Smith & Wesson Patronen

Nachdem Horace Smith und Daniel B. Wesson mit ihrem ersten Versuch, sich auf dem amerikanischen Waffenmarkt zu behaupten, Pech gehabt hatten und die Volcanic-Produktion an Winchester verkauften, gingen sie eine Partnerschaft mit Rollin White ein, der am 3. April 1855 ein geschütztes Patent für eine »von einem zum anderen Ende mit Geschoßkammern durchbohrte Revolvertrommel«

erhalten hatte. Zunächst dachten sie nur daran, einen kleinen Taschenrevolver, eine Art »Derringer-Revolver«, für die kleine .22er (5,6 mm) Randfeuerpatrone zu bauen. Aber sehr bald erwies sich, daß sie mit diesem Patent auf eine »Goldader im Waffenbau« gestoßen waren, denn nun konnten sie alle Entwicklungen anderer Revolverhersteller, die von Perkussionszündung auf Patronenrevolver umrüsten wollten, blockieren. Der einzige Ausweg, den diese Hersteller hatten, bestand darin, an Smith & Wesson eine saftige Lizenzgebühr zu zahlen. Inzwischen war Colt zum größten Revolverhersteller Amerikas geworden, und als Smith & Wesson merkten, daß sie mit ihrem Patent die Weiterentwicklung von Colt-Revolvern stoppen konnten, taten sie dies. Sie weigerten sich, Colt die Genehmigung für die Verwendung ihres Patents zu erteilen, und versuchten, während dieser Zeit die Vorherrschaft für Patronenrevolver an sich zu reißen.

Smith & Wesson Kipplaufrevolver

Modell 1

Sie erbauten in Springfield, Massachusetts, eine kleine Fabrik und brachten 1858 das erste Kipplaufrevolver-Modell auf den Markt. Es war eine kleine, siebenschüssige Taschenwaffe, deren Lauf an der Rahmenbrücke über eine Schraube nach oben abgekippt werden konnte und der beim Schließen am unteren Rahmen verriegelt wurde. Zum Entladen der abgeschossenen Hülsen und zum Laden neuer Patronen mußte die Trommel aus dem abgekippten Revolver entnommen werden. Zumeist waren es Frauen, die diese kleine Waffe verwendeten:

Nummer 93 684

»Dem Hotel waren ein Restaurant, ein Billardsaal und eine Spielhalle angeschlossen. Mr. Paul S. Bailey war betrunken und im Zimmer der schönen Ludmilla zudringlich geworden. Als die schöne Ludmilla – mit zwei großen Männerhänden an der Kehle – schon blau im Gesicht ge-

Smith & Wesson Kipplaufrevolver, Modell 1 (3. Typ), Nr. 93 684, mit dem Ludmilla Herons 1872 P. S. Bailey erschoß.

worden war, gelang es ihr, den kleinen Smith & Wesson, Modell 1 (3. Typ), Nr. 93 684, aus der Handtasche zu ziehen. Der Kellner, der gerade an der Tür vorbeiging, sagte, es wären genau sieben schwache Knällchen gewesen, dann sagte eine Männerstimme: ›Bist du verrückt geworden‹, und dann stand Mr. Paul S. Bailey aus New York in der Tür, und seine Seidenweste hatte sieben winzig kleine Löcher, aus denen unaufhörlich Blut floß. Er war nach Kalifornien gekommen, um viel Holz für seine Sargfabrik einzukaufen. Drei Tage später hatte er sein Holz, aber nur für einen Sarg, und er lag drin.«
San Francisco Chronicle, Mai 1872

Modell 2

Nummer 1167

1861 erschien das etwas größere Modell, der Army-Revolver im Kaliber .32 mit Läufen von 4,5 und 6 Inches (11,4 und 15 cm). Diese Revolver waren in der US-Armee nicht nur bei Offizieren für den Nahkampf sehr beliebt, sondern wegen ihres geringen Gewichts von 650 Gramm auch bei Soldaten: Charles Scarrett, der bei den 16. Kentucky Volunteers (Freiwilligen) diente, schrieb im Dezember 1861:

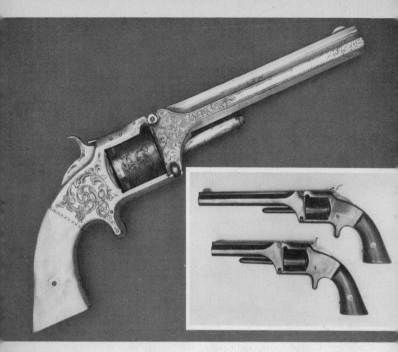

Smith & Wesson Army-Revolver, Modell 2.

Oben: Smith & Wesson Army-Revolver Nr. 1167, Modell 2.
Unten: Smith & Wesson Army-Revolver Nr. 10407, Modell 2.

»Ich ritt mit einer Depesche zum Hauptquartier unserer Einheit, als zwischen zwei Farmhäusern plötzlich zwei Rebellen hervorsprangen. Sie standen ganz einfach da und hielten große Revolver in den Händen, die aber zu Boden zeigten. Einer sagte: ›Siehst du, Junge, jetzt bist du reif für Andersonville (konföderiertes Gefangenenlager).‹ Hinter dem Pferdekopf holte ich meinen Smith & Wesson-Army-Revolver Nr. 1167 hervor, schoß zweimal, und beide fielen um, ohne ein Wort zu sagen. Ich habe an die Smith & Wesson-Leute in Springfield geschrieben, daß ihre Nummer 1167 mir das Leben gerettet hat.«

Nummer 10 407

Im März 1863 berichtete der Schulmeister Harald T. Bruck, der sich mit der Overland-Kutsche auf einer Reise von St. Louis nach Santa Fé befand:

»Die Postkutschenstation besaß auch einen Laden. Dort riet mir der Kutscher zum zigsten Mal, einen Revolver zu kaufen. Der Ladenbesitzer, ein Deutscher, der kaum ein Wort Englisch sprach, bot mir einen nagelneuen Smith & Wesson-Patronenrevolver an. Er klappte ihn auf, lud ihn, klappte ihn zu und sagte, ich solle auf einen der Pfähle schießen, die draußen vor der Tür standen. In dem Augenblick stürmte ein Mexikaner mit einem Gewehr durch die Tür und schrie: ›Hände hoch, Geld her!‹ Er war kaum fertig, da drückte ich ab, und er fiel mit offenem Mund um. Dieser Smith & Wesson-Army-Revolver mit der Nummer 10 407 und einem 4-Inches-Lauf ist nur 21 Unzen schwer (600 g), und ich habe in Santa Fé gleich am zweiten Tag meiner Ankunft einen Mischling erschossen, der mich mit einem Messer bedrohte. Der Leichenbeschauer wollte mir für die Waffe 90 Dollar bezahlen, für die ich nur acht Dollar gezahlt hatte.«

Modell 1,5

Im Juni 1864 brachte Smith & Wesson eine verkleinerte Version des Modells 2 im Kaliber .32 mit 5schüssiger Trommel als Taschenrevolver heraus, der nur 14,75 Unzen (420 g) wog. Im Herbst 1867 schickte der Texas-Treibherdenführer Grat C. Nichols aus Abilene in Kansas einen Smith & Wesson-Revolver, Modell 1,5 mit der Nummer 6274, an den deutschstämmigen Rancher Paul Willman im Mason County mit folgendem Brief:

Nummer 6274

»Wir saßen im Pearl Saloon und hatten schon vier Stunden gepokert. Ihr Sohn Jake (Jakob Willman) legte ein Full House auf den Tisch und hatte damit praktisch 2325 $ gewonnen, als der Spieler, den sie Mustash-Jerry nannten, einen Revolver zog und Jake in die Stirn schoß. Ich sprang auf, hieb dem Burschen meinen Army-Coltlauf ins Genick, und Mustash-Jerry blieb für immer liegen. Hier in dem Päckchen ist das gewonnene Geld und die Waffe des Spielers, mit der er, wie Marshal Tom Smith sagte, sechs Männer erschossen haben soll:

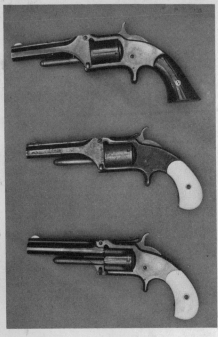

Smith & Wesson Modell 1¹/₂ (1., 2., 3. Typ).

Smith & Wesson Modell 1¹/₂, Nr. 6274, Kaliber .32 Randfeuer, mit dem Mustash-Jerry den Cowboy Jake Willman im Oktober 1867 in Abilene erschoß.

Wild Bill Hickoks »Hochzeitsrevolver«.

»Calamity Jane« Martha Cannary

ein Smith & Wesson Modell 1½ mit der Nr. 6274. Jakes andere Sachen schickte ich noch mit einer Mannschaft zurück, die morgen nach Texas geht, während wir noch weiter bis Oglalla müssen. Ich versichere Ihnen, Jake war der beste Junge unter der Sonne.«

Nr. 110 286 Wild Bill Hickoks »Hochzeitsrevolver«

Im Februar 1876 kaufte Wild Bill Hickok in Deadwood, der Goldboomstadt in den Black Hills, einen vernickelten, gravierten Smith & Wesson-Revolver, Modell 1,5, mit 3,5-Inches-Lauf und 5schüssiger Trommel für Kaliber .32 Randfeuerpatronen mit Perlmuttergriffschalen. Als er am 4. März 1876 die elf Jahre ältere Agnes Lake Thatcher, Besitzerin des Lake Zirkus, heiratete, ließ er seiner Frau diesen Revolver mit der Seriennummer 110 286 durch den Priester I. W. F. Warren als Hochzeitsgeschenk überreichen. Drei Monate später war Mrs. Hickok Witwe. Wild Bill wurde am Pokertisch durch einen Schuß in den Hinterkopf getötet. Als nach seinem Tode Agnes Lake hörte, daß Wild Bill ein Verhältnis mit der Skandalnudel »Calamity Jane« gehabt haben soll, schickte sie ihr den Hochzeitsrevolver:

»Sie werden an der Smith & Wesson Nummer 110 286 sicherlich mehr Freude haben als ich Erinnerungen daran knüpfe. Jim Hickok hat ihn mir zur Hochzeit geschenkt.«

Als »Calamity Jane« Martha Cannary am 3. August 1903 starb, hatte sie darum gebeten, daß man Wild Bill Hickoks »Hochzeitsrevolver« in ihren Sarg lege, aber die schön gravierte Waffe mit der Nr. 110 286 wurde 1941 dem Radioreporter Gabriel Heatter in New York von Jean O'Neil vorgezeigt, die behauptete, die Tochter von Wild Bill und Calamity Jane zu sein. Sie habe 1912 von ihrem sterbenden Pflegevater James O'Neil »eine Rohhautkiste erhalten, die Mr. Warrens Bibel, den Ehering, ein Kruzifix, zwei Revolver und andere Sachen ihrer Mutter enthielt.«

Modell 3 »American«

1871 setzten Smith & Wesson die Modellreihe der Patronenrevolver mit einem schweren Armeemodell im Kaliber .44 fort. Das Neue an diesem Revolver war sein Kipplaufmechanismus: Lauf und Trommel wurden über eine Welle an der vorderen Unterseite des Rahmens so abgekippt, daß ein sternförmiger Hülsenausstoßer gleichzeitig die abgeschossenen Hülsen aus der Trommel herausschleuderte. Mit einem einzigen Griff also konnte diese schwere Waffe entladen werden. Das war gegenüber allen Perkussionsrevolvern ein gewaltiger Fortschritt, den die US-Armee gleich mit einem großen Auftrag belohnte. Viele dieser Revolver kamen in den Westen, Jesse James, der Bankräuber, war einer der ersten, der das Modell 3 kaufte. Am 18. Mai 1872 schrieb Captain Robert H. Young von der 7. Kavallerie:

»Ich bin hier, um dem US-Marshal bei der Jagd nach illegalen Schnapsbrennern, Brandy-Händlern, Ku-Klux-Klan-Buschräubern und Banditen beizustehen, von denen es hier nur so wimmelt ... Ich wünschte mir, daß der Lauf des Modell 3 etwas kürzer als 8 Inches wäre und die Waffe etwas leichter als 2,75 Pfund (1248,5 g).«

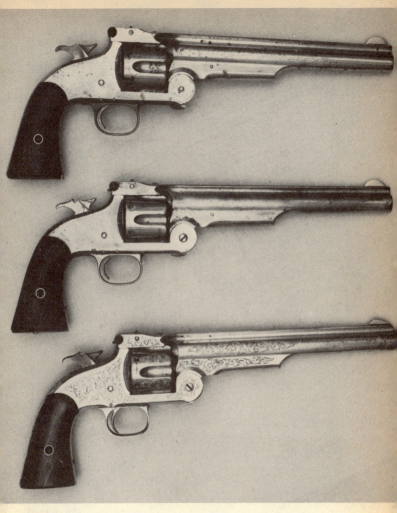

Smith & Wesson Modell 3 »American« (1., 2. u. 3. Typ).

Smith & Wesson Modell »Schofield« (1. u. 2. Typ).

Modell »Schofield«

1870 machte Colonel George W. Schofield von der 10. Kavallerie in Fort Leavenworth Verbesserungsvorschläge für das Modell 3, die Smith & Wesson sofort in die Tat umsetzten. Ein Jahr später erschien der schwere Armeerevolver Modell Schofield, den der russische General Gorloff eines Tages testete und einen begeisterten Bericht nach Petersburg schickte.

Modell »Russian«

Wenig später verhandelte er mit Smith & Wesson über verbesserte Schofield-Modelle für die russische Regierung. Zwischen 1871 und

Smith & Wesson
Modell 3 »Russian«
(New Model), Nr. 6877,
Waffe von Leutnant
Kaganowitsch.

1878 lieferten Smith & Wesson 150 000 schwere Revolver des Modells »Russian« (Old und New Model) im Kaliber .44 Zentralfeuer. 1875 verlangte der russische Oberst Ordinetz kleine Änderungen: einen sogenannten »Sägengriff« (Sawhandle) mit Handfangkrümmung und eine zweite Fingerrast am Abzugsbügel. Im gleichen Jahr schon wurden 7000 dieser Modelle nach Rußland verschifft.

Nummer 6877

Colonel Ordinez' Adjutant, Leutnant Kaganowitsch, erhielt aus dieser Sendung die Waffe Nr. 6877. Am 18. Oktober 1875 schrieb der Eisenbahnschaffner Charles T. Kimball ins Logbuch des Zuges Nr. 1192 der Baltimore Rail Road:

»Die vier Russen tranken unaufhörlich ein furchtbares Gesöff, das sie Wodka nannten und das mir fast die Stiefel auszog. Dann gab es einen furchtbaren Krach, als einer von ihnen drei Taschendiebe erwischte, die gerade den Oberst fleddern wollten und ihn mit einem Messer bedrohten. Dieser Mensch, der sich Caganowitsch nannte, hat mit einem gewaltigen Revolver, der russische Schrift und die Nummer 6877 hatte, alle drei Diebe erschossen, so daß das Abteil voller Blut war.«

New Modell 3 »American-Frontier«

Von 1878 bis 1910 wurde das letzte große Single-Action-Modell, der »American-Frontier«, hergestellt, aber die Grenzer im Westen

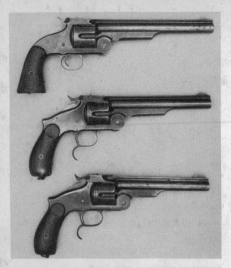

Smith & Wesson Modelle »Russian« (New and Old Model), von denen 150 000 nach Rußland gingen.

Smith & Wesson New Models 3.

Smith & Wesson Double Action-Revolver (1., 2., 3., 4. u. 5. Modell).

Amerikas waren gar nicht mehr so sehr begeistert von den Smith & Wesson-Revolvern, weil man sich allgemein für die »Peacemaker« und »Frontier-Modelle« von Colt entschieden hatte. Aber einmal noch machte ein Smith & Wesson New Model 3 Frontier-Revolver Schlagzeilen im Westen.

Nummer 28 055

Am 20. November 1903 wurde in Cheyenne, Wyoming, ein Mann öffentlich gehenkt, den man schon zu seinen Lebzeiten den »größten Revolvermann des Westens« genannt hatte. Der 43jährige Tom Horn hatte ein bewegtes Leben hinter sich: Armee-Scout und Indianerdolmetscher für die Generale Wilcox, Crook und Miles in den Apachenkriegen, Pinkerton-Detektiv, »King of the Cowboys« und Weidedetektiv der Wyoming Cattleman's Assoziation. Am 13. Oktober 1903 wurde er, dem man fünf Dutzend Erschießungen nachsagte, für schuldig befunden, den 14jährigen Willie Nickell bei Iron Mountain, Wyoming, am 18. Juli 1901 erschossen zu haben.

»Horn war ein erfahrener Totschläger und sehr stolz auf seine Morde. Er konnte stundenlang seinem Opfer im Regen auflauern und harten Speck kauen, bis die Gelegenheit zum Schuß kam. Er hinterließ niemals eine Spur, außer daß er jedem Toten einen kleinen Stein unter den Kopf legte – sein Markenzeichen. Als Horn im Hole-In-The-Wall, dem Versteck einer großen Viehdiebbande unter Butch Cassidy, auftauchte, mehrten sich plötzlich die toten Männer an niedergebrannten Lagerfeuern, die Steine unter den Köpfen hatten. Die Viehdiebe machten sich davon. Horn handelte im Dienst der Viehbarone für Kopfgeld. US-Marshal Joe Lefors entlockte ihm, als er betrunken war, das Mordgeständnis an Willie Nickell, und verborgene Zeugen schrieben alles auf.«
J. D. Horan und Paul Sann: Hired Killer, S. 242

»Tom Horn besaß ein ganzes Arsenal von Revolvern und Gewehren, darunter einen wundervollen, gravierten und vernickelten Smith & Wesson New Model 3 Frontier-Revolver mit der Nr. 28 055 in einem Rosenholzkasten mit grünem Samt und Löchern für 60 Patronen Kaliber .44 Smith & Wesson Russian. Er sagte, daß Töten eine Kunst sei und er für jedes Opfer eine spezielle Waffe verwende. Diese Luxuswaffe sei für prominente Getötete, mit ihr hätte er neun Menschen erschossen.«
Robert Pinkerton an William Pinkerton, New York, am 28. 1. 1906

Double Action-Revolver

Aufgeschreckt durch den Erfolg der 1877 von Colt auf den Markt gebrachten »Selbstspanner-Revolver« des Lightning-Modells, brachten Smith & Wesson 1880 einen kompakten Polizeirevolver mit Selbstspannabzug im Kaliber .38 heraus, dem 1881 das sogenannte Frontier-Modell im Kaliber .44 folgte. Aber man vermochte nicht, die erfolgreichen Modelle Colts zu übertrumpfen, obwohl der automatische Hülsenauswerfmechanismus allen Colt-Revolvern an Schnelligkeit eindeutig überlegen war. Erst nach 1900 begannen sich allmählich Smith & Wesson auf Polizeirevolver zu spezialisieren und Colt durch bessere Qualität und größere Modellvielfalt den Rang abzulaufen. Seit etwa 1950 ist Smith & Wesson als Polizeiwaffenhersteller absolut führend in der Welt.

Remington-Revolver-Konversionen

Sognannte »Hybride-Feuerwaffen«, wie man die Konversionen von Perkussionsrevolvern in Patronenrevolver nennt, waren in den zwanzig Jahren nach dem Bürgerkrieg an der Tagesordnung. Die kleinen Patronenmodelle von Smith & Wesson konnten die Bedürfnisse lange nicht befriedigen, und so begannen alle Revolverhersteller sich bei Smith & Wesson um Lizenzen für das Durchbohren von Trommeln zu bemühen. Einer der ersten, der eine solche Lizenz erhielt, war Remington. Man machte sich die Umrüstung auf Patronen bei Remington sehr einfach, indem man den Perkussionszylinder herausnahm und ihn durch einen 5schüssigen Zylinder mit Bohrungen im Kaliber .46 für Randfeuerpatronen ersetzte. Dann befestigte man an der Rückstoßplatte eine schmale Stahlscheibe, weil die in die Trommel versenkten Patronenböden eine Andruckplatte benötigten. In die rechte Seite der Rückstoßplatte wurde eine große Rundung eingeschliffen, damit die großen Patronen geladen werden konnten. An der rechten Laufseite wurde ein Hülsenausstoßer angelötet und der Hahn mit einer entsprechenden Aufschlagstelle versehen. Als sogenannte »Improved Army-« und »Improved Navy-Revolver« konnten diese Waffen mit der neuen Trommel Patronen verschießen, und mit dem alten Perkussionszylinder konnten Papierpatronen verwendet werden. Diese Kaliber .46 Randfeuerpatronen hatten ein 230 Grain (15 g) schweres Geschoß und eine Pulverladung von 26 Grain (1,7 g).

Remington »New Line«-Revolver.

Belle Starrs Remington-Modell 1875 »Army«, Nr. 2354.

Die frühen Beals-Revolver im Perkussionskaliber .36 erhielten durchbohrte Trommeln im Kaliber .38. Sie gelten heute als besonders wertvolle Raritäten, weil sich nur wenige Männer im Westen entschlossen, konvertierte Revolver zu verwenden.

Remington-Patronenrevolver

Zuerst wendete sich Remington kleineren Taschenrevolvern zu, nachdem klargeworden war, daß Smith & Wesson der Nachfrage nicht Herr werden konnten. 1873 kam das erste Modell, der »New-Line«-Revolver im Kaliber .30 Randfeuer kurz, mit 5schüssiger Trommel, 7-cm-Lauf und 283,5 Gramm Gewicht heraus (1873 bis 1888: 20 000 Stück), dann 1874 das zweite Modell »New Line« im Kaliber .32 Randfeuer kurz, mit 5schüssiger Trommel, 7-cm-Lauf und 283,5 Gramm Gewicht (1874 bis 1888: 20 000 Stück), schließlich der mittelschwere Taschenrevolver drittes Modell »New Line« im Kaliber .38 Randfeuer, kurz, mit 5schüssiger Trommel, 9,5 cm langem Lauf und 425 Gramm Gewicht. Die gleiche Waffe gab es ab 1875 im Kaliber .38 Zentralfeuer (1875–1888: 25 000) und endlich das vierte Modell »New Line«, ein Bulldog-Revolver im Kaliber .38 Zentralfeuer kurz, und Kaliber .41 Randfeuer kurz.

Remington-Modell 1875 »Army«

Der Erfolg des großen Colt SAA (S = Single, A = Action, A = Army) Revolvers veranlaßte Remington, 1875 seinen ersten großen Patronenrevolver herzustellen. Die Waffe hatte große Ähnlichkeit mit dem Colt-Revolver, die Trommel faßte sechs Patronen im Kaliber .44 Remington, Kaliber .44–40 und .45 Government, der Lauf war 7,5 Inches (19 cm) lang, hatte fünf Züge und wog 2 Pfund 12 Unzen (1248 g). Sie war eine ideal ausgelastete Waffe mit hervorragend plaziertem Schwerpunkt. Da bei einem Test der US-Armee, bei dem der Colt-Revolver und der Smith & Wesson »Schofield« mit dem Remington verglichen wurden, der Remington am schlechtesten abschnitt, konnte man zwischen 1875 und 1889 nur 25 000 Stück herstellen, von denen 10 000 in die Türkei verkauft wurden. Nur wenige Revolver gelangten in den Westen, aber hier bewährten sie sich als besonders präzis schießende Waffen.

Nummer 2354

Die zeitgenössische Police Gazette nannte sie den »Petticoat der Prärie«, »Königin der Banditen« und »Lady Desperado«. Geboren 1848 in einem Blockhaus am Missouri, lernte Myra Belle Shirley Starr 1866 in Liberty, Missouri, bei einem Bankraub der James-Younger-Bande Cole Younger kennen, der die hübsche Achtzehnjährige mit nach Texas nahm und bald Vater eines Babys wurde, das man Pearl nannte. Belle Starr wechselte Liebhaber und Ehemänner wie eine andere Frau ihre Hüte. Sie befahl über große und kleine Banden von Indianermischlingen, verübte so viele Viehdiebstähle und Postkutschenraube, daß US-Deputy Marshal Bill Tilghman resignierend meinte: »Wie soll man sie überführen, sie weiß ja selber nicht mehr, was sie alles verbrochen hat.« An einem kalten Februartag des Jahres 1889 wurde Belle Starr von einer doppelten Ladung Buckshot, die aus einem Gestrüpp kam, aus dem Sattel geworfen. Ihre Tochter Pearl Starr erhielt von US-Deputy Marshal George Maledon in Fort Smith einen Beutel mit den Sachen ihrer Mutter, darunter einen Remington Army-Revolver im Kali-

Remington Modell 1890 »Army«.

◀

Steckbrief von Belle Starr.

ber .44 Remington mit der Seriennummer 2354. Pearl erinnerte sich:

»Der berüchtigte Henker von Fort Smith sah ganz manierlich aus. Er rauchte eine lange Tonpfeife und meinte, daß mit diesem Revolver wohl fast ein Dutzend Menschen erschossen worden seien. Ich habe ihn Jim July, Ma's Creek-Freund, geschenkt, weil er drum gebeten hat.«

Jim July, ein kräftiger Creek-Indianer, saß, als seine Freundin erschossen wurde, in Fort Smith wegen Diebstahls im Gefängnis. George Maledon übergab ihm bei seiner Entlassung Belle Starrs Remington-Revolver. Im August 1895 lag die gleiche Waffe wieder auf dem Tisch von US-Deputy Marshal George Maledon. Man hatte sie dem Neger-Indianermischling Rufus Buck abgenommen, nachdem dieser mit seiner Bande Oklahoma in Angst und Terror versetzt hatte. Rufus Buck wurde mit seinem Komplizen Moami July, Sam Sampson, Luckey Davis und Lewis Davis von George Maledon gehenkt. Ein Jahr später schloß der Präsident das Bundesgericht des Hängerichters Isaac Charles Parker, und die Waffe von Belle Starr und Rufus Buck wurde in Fort Smith öffentlich für 128 $ versteigert.

Remington-Modell 1890 »Army«

Mit diesem Modell machte Remington einen letzten Versuch, der aber scheiterte. Nur 2000 Stück konnte er zwischen 1891 und 1894 verkaufen.

Colt-Patronenrevolver im Westen

Smith & Wessons Patentmonopol für durchbohrte Revolvertrommeln war bis 1869 geschützt. So lange mußte Colt warten, ehe er Patronentrommeln herstellen konnte. Ab 1870 aber waren die Patentrechte wieder frei, und nun – während man bei Colt einen Metallpatronenrevolver entwarf – wurden Perkussions-Army- und Navy-Modelle nach den Patenten von Alexander Thür und Richard Mason umgeändert, indem man bei den Perkussionszylindern einfach jene Scheibe abschnitt, die die Zündpistons enthielten. Statt dessen wurde der Rückstoßplatte am Rahmen eine Scheibe hinzugefügt, die den Schlagbolzenmechanismus für Rand- oder Zentralfeuerpatronen enthielt.

Diese Konversionen aber waren nicht sonderlich zahlreich und blieben auf die Oststaaten von Amerika beschränkt. Die Leute im Westen blieben skeptisch. Sie konnten sich komplizierte Mechanismen nicht erlauben. An einer winzigen Fehlerquelle hing oft nicht mehr und nicht weniger als das Leben.

Modell Single Action-Army »Peacemaker« 1873

Es geschieht nicht oft, daß ein technisches Instrument gleich in seiner ersten Konstruktion und in seinem ersten Design so vollkommen in jeder Hinsicht ist, daß im Laufe von hundert Jahren keine wesentliche Änderung mehr gemacht werden muß.

Die Firma Colt hatte 1873 eine solche Sternstunde, als sie ihren ersten Patronenrevolver Modell SAA (Single Action-Army) auf den Markt brachte. Diese Waffe hatte ein ideales Kaliber, eine ideale Lauflänge, ideale Abmessungen, ein ideales Gewicht, eine ideale Handlage, einen idealen Schwerpunkt – und bildschön war sie auch noch. Sie war, gegenüber allen anderen Fabrikaten in dieser Gattung, die bei weitem robusteste und unter schwierigsten Bedingungen funktionstüchtigste, gleichzeitig aber auch die simpelste Waffe mit den wenigsten Teilen.

Dieser Revolver wird bis auf den heutigen Tag – mit geringfügigen Änderungen, die die Umstellung von Schwarzpulver auf Nitropulver um 1890 betreffen – unverändert wie vor 100 Jahren hergestellt, gekauft und verwendet (für Jagd, Verteidigung und Polizeiarbeit).

»Eine Liste der Personen, die den SAA benutzt haben, würde sich wie ein ›Who's Who‹ (›Wer ist Wer‹-Adreßbuch) des Wilden Westens lesen. Die Versandlisten zeigen Extrabestellungen von Buffalo Bill Cody, Pawnee Bill und anderen berühmten Scouts, von den Marshals Bat Masterson, Bill Tilghman, Jack Crawford, von Texas Rangers und Detektiven ebenso wie von Banditen und Outlaws wie Sam Bass, Bill Longley, Daltons, Youngers, James-Brüder, Black Jack Ketchum, Schnellschützen wie Wild Bill Hickok und John Wesley Hardin, von Theodore Roosevelt und General Granville Stuart, Richter Roy Bean und vielen anderen. Eine der jüngsten Persönlichkeiten der Geschichte, General George S. Patton, trug zwei SAA-Revolver mit Elfenbeingriffschalen im Kampf gegen das Nazi-Deutschland.«
R. L. Wilson: *The Book Of Colt Firearms*, S. 239

»Peacemaker«

Das Grundmodell des SAA wurde von 1873 bis 1878 im Kaliber .45 Long Colt hergestellt, mit 7,5-Inches-Lauf (19 cm) und einem Gewicht von 2,31 Pfund (1050 g). Die Gesamtlänge war 12,5 Inches (31,75 cm). Der Mechanismus war im Prinzip der des Perkussionsrevolvers geblieben. Die Patronen wurden durch eine mit einer Ladeklappe versperrbare Einsparung an der rechten Rückstoßbodenseite geladen und durch einen Hülsenausstoßer an der rechten unteren Laufseite wieder entladen. Die Standardpatrone Kaliber .45 Long Colt hatte ein 230 Grain (15 g) schweres Geschoß und eine 28 Grain (1,8 g) Schwarzpulverladung. Die Treffgenauigkeit und höchste Durchschlagskraft und Aufhaltekraft beschränkte sich auf eine Entfernung zwischen 25 und 30 Metern und betrug auf 25 Meter durchschnittlich 12 cm.

Haarsträubende Kunststückchen, wie man sie in Filmen sieht und in manchen Büchern liest, wie zum Beispiel das Treffen einer in die Luft geworfenen Münze oder einen Korken durch einen Flaschenhals treiben, ohne den Glashals zu verletzen, sind natürlich genauso Unsinn wie das blitzartige Ziehen und Schießen aus der Hüfte, denn damals wurden keineswegs die Spezialholster getragen, die man heute an den Filmhelden bewundert, sondern Revolverholster, die bis hoch an die Hüfte reichten und die die Waffe tatsächlich bis an den Hahn schützten.

Die Herkunft des Wortes »Peacemaker« (Friedensstifter) liegt im dunkeln. Fest steht, daß in den ersten Jahren dieses Modell von der Colt-Fabrik unter der Bezeichnung »P« angeboten wurde und daß

Der Revolver wurde hoch an der Hüfte getragen, um die Arbeit im Sattel nicht zu behindern.

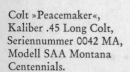

Colt »Peacemaker«, Kaliber .45 Long Colt, Seriennummer 0042 MA, Modell SAA Montana Centennials.

der Colt-Händler B. Kittredge & Co. die Waffe in seinem ersten Katalog von 1873 als Modell »P« = »Peacemaker« im Westen anbot. Diese Bezeichnung beschränkte sich aber allein auf Revolver mit 7,5-Inches-Lauf im Kaliber .45, also hauptsächlich auf die von der US-Armee in Massen eingeführten Revolver.

»Frontier Sixshooter«

Erst als im Jahre 1878 dieser Revolver für das starke Kaliber .44–40 der Winchester-Gewehre und -Karabiner ausgelegt wurde, gehörte der »Frontier Sixshooter« (Grenzer-Sechsschüsser) zur Standardbewaffnung der Pioniere im Westen. Für ein Gewehr und einen Revolver nur eine einzige Patrone zu benötigen, das war schon ein Vorteil, den keine andere Waffenkombination zu bieten hatte. Von nun an gab man dem Colt Namen wie »Equalizer« (Gleichmacher), »Leadthrower« (Bleistreuer), »Thumbbuster« (Daumenhauer), »Plowhandle« (Pfluggreifer), »Hog leg« (Schweinefuß), »Hand gun« (Handkanone), »Six gun« (Sechser-Kanone), »Tearful Mary« (Tränenreiches Mariechen), »Convincer« (Überzeuger), »Persuader« (Überreder), »Long Speaker« (Weitsprecher), »Loud Speaker« (Lautsprecher), »Hell guide« (Höllenführer), »Trail marker« (Pfadmarkierer) und »Shooting iron« (Schießeisen). Mit der universellen Benutzung dieses Revolvers stiegen auch die individuellen Wünsche, was Kaliber und Lauflängen betraf. Bis etwa 1900 wurde der »Sixshooter« in 30 verschiedenen Kalibern hergestellt (.22 Randfeuer, .32 Randfeuer, .22 Colt, .32 Smith & Wesson, .32–44, .32–20, .38 Colt, .38 Smith & Wesson, .38 Colt Special, .38 Smith & Wesson Special, .38–44, .357 Magnum, .380 Eley, .38–40, .41, .44 Randfeuer, .44 Zentralfeuer, .44 German, .44 Russian, .44 Smith & Wesson, .44 Smith & Wesson Special, .44–40 Winchester, .45 Long Colt, .45 Flinte, .45 ACP, .450 Boxer, .450 Eley, .455 Eley und .476 Eley. Nicht weniger zahlreich waren die verschiedenen Lauflängen mit 2,5, 3, 3,5, 4, 4,5, 4,75, 5, 5,5, 6, 6,5, 7, 7,5, 8, 8,5, 9, 9,5, 10, 10,5, 12, 14 und 16 Inches (1 Inch = 2,54 cm) und noch verwirrender die verschiedenen Ausstattungen: Die meisten Waffen wurden blauschwarz geliefert, aber es gab vernickelte, versilberte, vergoldete Revolver, gravierte, phospatierte, Verzierungen mit Gold- und Silbereinlagen, Elfenbein-, Perlmutter-, Horn-, Rosenholz- und Edelmetallgriffe.

Colt »Peacemaker«: »Ned Buntline Special«, Kaliber .45, 16 Inches mit Schulter-Skelett-Schaft.

Flat Top Target-Modell »Bisley«

Zwischen 1888 und 1890 stellte man 925 spezielle Flat Top Target-Modelle für das Wettkampfschießen her, 1895 folgte der sogenannte »Bisley« Single Action und der »Bisley« Flat Top Target mit einem extra großen und stark gekrümmten Griff für das Wettkampfschießen mit besonders präziser Schußleistung.

Zwischen 1873 und 1970 wurden insgesamt 781 865 Stück sämtlicher Variationen hergestellt – und der Verkauf geht weiter!

Wenn man den Versuch unternimmt, die Popularität und Bedeutung des »Peacemaker« innerhalb dieser erregend abenteuerlichen Epoche der amerikanischen Pioniergeschichte mit individuellen Stories zu beschreiben bzw. zu untermauern, so steht man vor dem unlösbaren Problem, daß praktisch von 1874 an alle historischen Impulse der Gewalt und der Bekämpfung von Gewalt, also praktisch der Zivilisierung des Westens im Zeichen dieser einen Colt-Waffe steht. Eine historische Geschichte dieses Revolvers wäre gleichzeitig auch eine Geschichte der Besiedlung des Westens von diesem Zeitraum ab.

Deshalb möchte ich mich darauf beschränken, ganz kurz nur einige wenige spezielle Waffen dieses Typs zu beschreiben und historisch zu untermalen:

Cavalry-Modell Nummer 69 390

Nachdem Geronimo mit seiner Bande, die aus ausgebrochenen Apachen der San Carlos Reservation bestand, zahllose Morde in Arizona, Mexiko und New Mexico verübt hatte, rüstete General Crook unter dem Kommando von Captain Emmett Crawford eine Strafexpedition aus, die den Spuren der Apachen bis nach Mexiko hinein folgte. Dort in den Bergen Mexikos spürte Crawford im Herbst 1885 die Apachen auf und umzingelte sie. Alles sah nach einer Kapitulation Geronimos aus, als unversehens ein Kommando der mexikanischen Armee auftauchte, das Geronimo auch suchte und beim Anblick amerikanischer Kavalleristen auf mexikanischem Boden sofort und ohne Warnung auf diese zu schießen begann:

»Captain Crawford sprang auf einen hohen Felsen hinauf und wedelte mit einem weißen Taschentuch, um zu zeigen, daß seine Truppen in friedlicher Absicht handelten. Aber die Mexikaner schossen auf ihn

Captain Crawford

Colt SAA Martial, US-Ausgabe, Kaliber .45, Nr. 69 390, Waffe von Captain Crawford mit Gürtelschnalle und Geschoßeindruck an der Unterseite.

und verletzten ihn schwer. Als er von dem Felsen herunterstürzte, wurde er durch weitere Schüsse verletzt. Als Crawfords Warm Springs Apachen-Späher dies sahen, wurden sie so wütend, daß sie auf die Mexikaner zustürmten und ihren Kommandeur erschossen. Das beendete den Kampf. Es gab eine kurze Verhandlung, dann ritten die US-Truppen mit ihrem schwerverwundeten Kommandeur nach Norden zurück. Auf dem Wege starb Crawford.«
J. Betzinez: I Fought With Geronimo, S. 133

Captain Crawfords Cavalry-Colt Nr. 69 390 wurde von dem Yuma-Indianerscout Sergeant Rowdy an sich genommen und auf dem Rückmarsch nach Fort Bowie angeblich unterwegs verloren. Am 2. April 1886 ergab sich der Apachenführer Natchez General Crook und übergab ihm seinen Revolver – es war Crawfords Waffe! Und Natchez hatte damit inzwischen fünf Weiße bei Überfällen ermordet.

Harvey Logan »Kid Curry« mit seiner Freundin Annie Rogers.

Frontier-Colt Nummer 162783

Auszug aus der Kriminalakte von Harvey Logan alias Kid Curry, Mitglied der »Wild Bunch-Bande«, den man in ganz Amerika Butch Cassidys »Tollen Hund« nannte:

Alter: 39 im Jahre 1904
Größe: 169 cm
Augen: dunkel
Gewicht: 69 kg
Haare: dunkelbraun, brauner Schnauzbart
Besondere Kennzeichen: leichte O-Beine, Schußwundennarbe am rechten Handgelenk, trinkt unmäßig Brandy, flucht vulgär, jähzornig
Waffe: Colt-Revolver 162783
Verbrechen: Tötete am 25. 12. 1894 Pike Landusky, Landusky Montana

27. Juni 1897: Bankraub Belle Fourche Bank, South Dakota
31. Oktober 1897: Flucht aus dem Deadwood-Gefängnis
2. Juni 1899: Überfall auf Union Pacific Zug, Wilcox Wyoming
5. Juni 1899: tötete Sheriff Hagen, Conners County
16. Mai 1900: tötete Sheriff John Tyler, Moab County, Utah und Deputy Sheriff Sam Jenkins
Juni 1900: tötete die Norman-Brüder
26. Juli 1901: tötete James Winter
Juli 1901: tötete Sheriff Scarborragh, Apache County, Arizona
27. März 1901: tötete Oliver Thornton, Painted Rock, Texas
13. Dezember 1901: verwundete drei Deputies in Knoxville, Tennessee
7. März 1904: gefangengenommen und wieder geflohen
7. Juni 1904: Überfall auf Denver & Rio Grande Zug bei Parachute, Colorado
8. Juni 1904: wird umzingelt und erschießt sich, verwundet, selbst bei Glenwood Springs, Colorado.

Kid Curry hat, wie die meisten Banditen und Outlaws, viele Waffen gehabt. Der Frontier-Colt Nr. 162783 wurde 1929 von einem Büchsenmacher in Leadville, Colorado, restauriert, Trommel, Hahn und Abzug vergoldet, Rahmen, Lauf und Hülsenausstoßer sowie Griffstück versilbert. Die Waffe wurde wegen ihres hohen Sammlerwertes 1932 gestohlen, 1933 wieder beschafft, 1939 gestohlen und 1942 wieder beschafft, schließlich an einen Sammler in Los Angeles verkauft, der sie 1972 für 5000 $ einem europäischen Sammler verkaufte.

Colt-Modell »Bisley« Nummer 275 203

Im Oktober 1906 kaufte Sheriff John Henry Thompson, Gila County, Arizona, einen Colt-Revolver »Bisley« mit 4,75 Inchs-Lauf im Kaliber .32–20, »weil ich meistens über Entfernungen um 60 bis 80 Yards schießen muß. Die .32–20er ist eine schnelle Gewehrpatrone, die eine gestreckte Flugbahn hat. Das Korn habe ich um die Hälfte abgefeilt, so weit, bis ich auf 70 Yards Fleckschuß hatte«. Von 31. Dezember 1900 bis 22. Dezember 1911 war Thompson Sheriff des Gila Countys in Globe. Er jagte Mörder, Banditen, Vieh- und Pferdediebe, Schmuggler, illegale Einwanderer, Diebe, Betrüger, Erpresser, bewahrte Gefangene vor der Lynchjustiz und

Colt-Modell »Bisley«
SA, Kaliber .32–10,
Waffe von Sheriff John
Henry Thompson.

»war der größte aller Sheriffs von Arizona. Er hat auf dem Pferde mehr Meilen hinter sich gebracht, mehr Verhaftungen vorgenommen, mehr Feuergefechte durchgestanden, mehr Angriffe auf sein Leben abgewehrt, mehr Verurteilungen durchgesetzt als irgendein anderer Gesetzesbeamter Arizonas vor ihm, eingeschlossen berühmte Männer wie Sheriff William Mulvenon und Deputy Sheriff Buck O'Neil vom Yavapai County, Sheriff John Slaughter vom Cochise County und Commodore Perry Owens vom Apache County.«
J. G. Hayes: *Sheriff Thompsons Day*, S. 179

In diesen elf Jahren nahm Sheriff Thompson 798 Verhaftungen vor. Er hatte 278 Schießereien, bei denen 37 Männer getötet wurden, davon 19 allein mit seinem Colt-Revolver »Bisley« auf Entfernungen zwischen 60 und 80˙ Yards (54 bis 72 m). Am 22. Dezember 1911 betrat Sheriff Thompson den Globe Saloon in der North Broad Street, um den Inhaber, Mike Juraskovich, wegen Diebstahlsverdacht festzunehmen. Man hörte einen Schuß, und der Saloonbesitzer lag tot am Boden. Im Mai 1912 stand Thompson vor Gericht, und die Geschworenen verkündeten im Fall Nr. 1044 des Staates Arizona gegen J. H. Thompson ihr Urteil: nicht schuldig. Sein Revolver, »Modell Bisley, .32˙WCF No. 275 203«, wurde ihm vom Gericht zurückgegeben. Im Alter von 73 Jahren starb er 1934. Sein Colt-Revolver »Bisley«, den man dem Stadtmuseum einverleiben wollte, war ... verschwunden.

Colt-Modell Double Action »Thunderer«, die Waffe von Billy The Kid.

Colt-Modell Double Action »Thunderer« 1877

Die 1877 von Colt herausgebrachten Spannabzugsrevolver Colt-Modell Double Action 1877, die unter der Typenbezeichnung »Thunderer« (Donnerer) für das Kaliber .41 (lang und kurz) und »Lightning« (Blitzschlag) für das Kaliber .38 (lang und kurz) auf den Markt kamen, waren etwas kleiner und leichter als die großen »Peacemaker«-Typen. Sie hatten eine ganz andere kompliziertere Mechanik und den sogenannten »Vogelkopf-Griff«. Im amerikanischen Westen sind sie nur in den ersten zehn Jahren – also bis etwa 1900 – gekauft worden. Sie hatten einen gewaltigen Nachteil: Obwohl die Innenteile genormt waren, paßten Ersatzteile nie. War ein Teil kaputt, konnte die Waffe selbst vom geschicktesten Büchsenmacher nicht mehr repariert werden.

Billy The Kids »Thunderer« Nummer 11 922

Berühmt wurde dieses Modell durch Billy The Kid, der, 1881 in Fort Summer von Sheriff Pat Garrett erschossen, von 1876 bis 1881 fünf Jahre lang mit seiner Bande das Lincoln County von New Mexico in einen kriegsähnlichen Zustand versetzte. Wie die meisten Outlaws jener Zeit, besaß der jugendliche, kleine Billy mehrere Waffen. Wegen seiner kleinen Hände bevorzugte er zwei Colt-Revolver Double Action »Thunderer«, beide im Kaliber .41 Long Colt, vernickelt, mit Hartgummigriffschalen. Den einen mit einem 6 Inches-Lauf trug er im Holster am Gürtel (an der rechten Seite), den anderen, ein sogenanntes »Storekeeper«-Modell mit

Billy The Kid

3,5 Inches-Lauf (9 cm) ohne Hülsenausstoßer, trug er in einer Lederschleife links innerhalb der Westen. Die linke Griffschale trug auf der Innenseite die grob eingeritzte Inschrift: »W. H. Bonney – NM 1879«. Die Zeugenvernehmungen besagen, daß der langläufige »Thunderer« von Sheriff Pat Garrett beschlagnahmt wurde und daß der kurzläufige »Thunderer« von Billy nach seiner Verhaftung an »Old Man Gauss«, den deutschen Koch seines Ranchers Tunstall, verschenkt wurde. Frank Coe, ein Freund Billys, behauptete später, daß Old Man Gauss diesen Revolver Billy The Kids in der Toilette des Lincoln County Gefängnisses versteckt und Billy durch einen Mexikaner einen Zettel habe zustecken lassen. Am 27. April 1881 führte Deputy Sheriff J. W. Bell den an Händen und Füßen mit Ketten gefesselten, zum Tode verurteilten Billy The Kid zur Toilette, und Billy kam mit seinem geladenen Revolver zurück. Er erschoß den Polizisten, ergriff dessen doppelläufige Schrotflinte und erschoß den über die Straße herbeieilenden Deputy Sheriff Bob Olinger. Am 13. Juli 1881 wurde er von Sheriff Pat Garrett aus dem Hinterhalt erschossen. Billy The Kids mexikanische Geliebte Celsa behielt den »Thunderer«-Colt Nr. 11922 und schaffte ihn heimlich zu Verwandten nach Mexiko, während Andenkenjäger danach halb Fort Summer umkrempelten. Museen und Historiker, Waffensammler und Waffenhistoriker haben große Summen geboten, um diesen berühmten Revolver in ihren Besitz zu bringen. Er blieb bis 1943 in Huachuca und Matamoros. Dann erwarb ein Schweizer ihn in Baja California für eine unbekannte Summe. »Kein Gringo soll Billys Colt je besitzen!« soll der mexikanische Verkäufer gesagt haben.

»Lightning« Nummer 36 182

Die Wells & Fargo Express Company hatte ihrem Stationsvorsteher Lester Moore im Herbst 1882 einen Colt »Lightning« mit 2,5 Inches-Lauf zur Verfügung gestellt und ihm die Grenzstation Naco in Arizona gegeben. Im Begleitschreiben hieß es: »... und sollten Sie so häufig Schießübungen machen wie möglich, damit Sie in einem Ernstfall kein zu hohes Risiko eingehen.« Lester Moore war ein Gegner von Feuerwaffen. Er übte nicht, denn er war Pazifist und verabscheute Gewalt. So legte er seinen Revolver in eine Schublade und vergaß, ihn vollzuladen. Eines Tages hätte er ihn gut gebrauchen können:

»Hank Dunstan kam an einem Nachmittag, um ein Paket abzuholen. Als er es erhielt und sah, daß es schlimm zugerichtet war, wurde er wütend, beschimpfte Moore und griff schließlich zum Revolver. Auch Moore holte seinen ›Lightning‹ aus der Schublade. Als sich der Pulverrauch verzogen hatte, lag Lester Moore tot hinter seinem Schalter. In seinem Revolver hatte sich nur eine Patrone befunden. Und deren Kugel steckte nun zwischen Dunstans Rippen, woran er auch starb. Lester Moore erhielt einen Platz auf dem Stiefelhügel und sein Grabstein machte ihn berühmt, denn darauf stand geschrieben:
Here Lies Lester Moore
Four Slugs From A .44
No Less No More

(Hier liegt Lester Moore
Vier blaue Bohnen von einem .44
Nicht weniger, nicht mehr)

»Thunderer« Nummer 79 180

Aus demselben Grunde, aus dem Billy The Kid die leichten Double Action-Revolver bevorzugte, hatte sich auch der Bandenführer Bob Dalton einen Colt Modell 1877 gewünscht. Weihnachten 1890 schenkte ihm seine Braut Eugenia Moore einen »Thunderer«. Mit seinen Brüdern Grat und Emmett hatte er von 1884 bis 1889 als Deputy US-Marshal des Bundesgerichts in Fort Smith erfolgreich Pferdediebe bekämpft. Sie waren dann selbst zu Pferdedieben geworden, wurden gejagt, entkamen nach Kalifornien und überfielen dort ihren ersten Zug 1891. Bis zum 5. Oktober 1892, als die Daltons zwei Banken auf einmal ausraubten, hatte sich in Oklahoma Überfall an Überfall gereiht. In Coffeyville, Kansas, war es dann soweit: Nur 10 Minuten dauerte das Feuergefecht zwischen den Bürgern der Stadt und der Dalton-Bande, danach waren vier Bürger tot, drei schwer verwundet, und die Dalton-Bande existierte nicht mehr. Bob und Grat Dalton, Dick Broadwell und Bill Powers waren tot, Emmett Dalton schwer verwundet. Bobs Colt »Thunderer« Nr. 79 180, eine Waffe mit besonders feinem Schloßgang, blieb zunächst in der Asservatenkammer des Gerichts, dann erhielt sein Bruder Emmett ihn, als er 1907 begnadigt wurde. 1969 tauchte die Waffe bei einem Sammler in Dallas, Texas, in beinahe noch neuwertigem Zustand auf!

Die Colt-Revolver Double Action »Lightning« und »Thunderer«

Bandenführer Bob and Grat Dalton, erschossen in Coffeeville, Kansas.

Links: Colt-Modell »Double Action« Fontier Nr. 13 490, mit einer Pall-Mall-Adresse (Sammler-Rarität).

Rechts: Double Action »Lightning«, Kaliber .38, Waffe von Lester Moore, Naco, Arizona, Nr. 36 182.

wurden zwischen 1877 und 1909 hergestellt (166 849 Stück), wurden mit verschiedenen Lauflängen, mit und ohne Hülsenausstoßer geliefert und waren zwischen 22 und 27 Unzen schwer.

Colt-Modell 1878 »Omnipotent«

Colts erster Double Action-Revolver mit schwerem Rahmen für schwerste Patronen wurde in den ersten Jahren 1878 bis 1879 »Double Action-Frontier« und scherzhaft der »Omnipotent« (Allmächtige) genannt. Captain Jack Crawford hatte einen in seinem Militärgepäck, Buffalo Bill Cody besaß einen und Pawnee Bill auch. Der berüchtigte Dodge-City-Schläger »Rowdy Joe« Lowe trug einen im Holster, aber schon bald verschwand dieser formschöne, 1020 Gramm schwere Revolver aus dem Westen, weil auch seine innere Mechanik sehr störanfällig war. Man stellte zwischen 1878 und 1905 51 210 Stück mit verschiedenen Lauflängen und in den Kalibern .22 Randfeuer, .32–20, .38–40, .38 Colt, .41 Colt, .44 German, .44 Russian, .44 Smith & Wesson, .44–40 und .45 Colt her. Ganz wenige Exemplare, die heute zu den höchsten Sammlerraritäten gehören, wurden mit Londoner Colt-Adresse auf dem Lauf und im Kaliber .455 Eley nach England geschickt.

Merwin & Hulbert Army-Revolver Nummer 6411/971

1874 kam die Hopkins & Allen-Waffenfabrik in Connecticut mit einem neuartigen schweren Revolver heraus, dessen Alleinvertrieb sie den Händlern Merwin, Hulbert & Co., New York, überließen. Unter dem Namen dieser Verkäufer wurden die beiden Grundmodelle im Kaliber .44–40, der große »Army« mit 7 Inches (17,8 cm) und der kleine »Army-Pocket« mit 3,25 Inches-Lauf (8,5 cm) auch im Westen bekannt. Der Army wog respektable 1230 Gramm, der Army-Pocket 1020 Gramm, für eine Taschenwaffe immerhin ein ganz schönes Gewicht. Meistens waren es Polizeibeamte und Detektive, die die schweren Army-Pocket-Revolver im Kaliber .44–40 benutzten, wie zum Beispiel US-Deputy Marshal Bud Ledbetter, der von 1880 bis 1896 in Oklahoma als Vollstreckungsbeamter des Bundesgerichts in Fort Smith für »Hängerichter« Isaac Charles Parker unzählige Haftbefehle ausführte und mit den berühmten

Merwin & Hulbert Army-Pocket-Revolver Nr. 6411/971, Kaliber .44–40. Waffe von Bud Ledbetter.

Marshals Heck Thomas, Chris Madsen und Bill Tilghman die Dalton- und die Doolin-Bande jagte und zur Strecke brachte.

»Es war eigentlich einfach, wenn man diese harten Burschen nur zeitig genug in die Mündung meines Merwin & Hulbert-Revolvers schauen ließ. Gleich riefen sie: ›Nicht schießen! Um Gottes willen nicht schießen, Officer!‹ Ich habe meine Waffe unter 23 Stück ausgesucht. Das hat vier Tage Probeschießen gekostet. Dann entschied ich mich für den Merwin & Hulbert Army-Pocket Nr. 6411/971, weil er die beste Schußleistung von allen besaß. Heute, 20 Jahre danach, habe ich viele Tausend Patronen daraus verschossen, ihn neu vernickeln lassen und trage ihn selbst bei mir, wenn ich aufs WC gehe. Ich bin doch tatsächlich einmal – vor sechs Jahren –, während ich auf dem WC saß, beschossen worden. Durch die dünnen Bretter zwitscherten die Kugeln nur so. Ich habe den Revolver mit dem Lauf in das Herz gelegt und nur einmal abgedrückt, und der Bursche, der in 20 Yards (18,5 m) Entfernung mit dem Kopf hinter einem Baumstamm hervorschaute, fiel mit einem Loch zwischen den Augen um.«
Bud Ledbetter: Riding With A Badge, Privatdruck, S. 192

Vereinzelt tauchten im Westen auch noch die großen Armeerevolver von Forehand & Wadsworth und Hopkins & Allen auf, aber sie spielten keine nennenswerte Rolle.

Taschenrevolver und Derringer

Große Revolver zu tragen blieb in der Regel den Männern vorbehalten, die sie offen am Gürtel trugen, und das war im Westen die Mehrzahl. Aber viele Inhaber von Geschäften, Hotels, Saloons und Restaurants, abenteuernde Spieler, Schauspieler, Artisten, Eisenbahnschaffner, Kellner und vor allem Städter, dazu auch die Damen der Halbwelt in den Boom- und Zeltstädten, Tänzerinnen, Animiermädchen, Kellnerinnen, Schauspielerinnen, Gauklerinnen und Prostituierte ebenso wie reisende Damen, ja selbst Schwestern in Hospitälern und Waisenhäusern oder Verkäuferinnen hinter Ladentischen zogen es vor, die kleinen, leichten Taschenwaffen zu tragen, die man unter einer Schürze, im Täschchen oder im Strumpfband verstecken konnte. Mancher Grabstein im Westen zeugt von bösen Überraschungen, die ahnungslosen Banditen oder zudringlichen Männern bereitet wurden. Aber auch als reine Verteidigungswaffen, die man im Haus irgendwo versteckt und doch griffbereit hielt, waren die kleinen Taschenrevolver und Derringer beliebt. Manche Hoteliers hatten in die Falten ihrer schweren Samtvorhänge Lederschlaufen eingenäht, in denen Revolver hingen. Der Polizist Henry St. Vrain, der in Sacramento einmal ein Hotel durchsuchen mußte, schrieb 1879 in seinem Bericht:

»Es ist einfach unglaublich, was wir in dieser zweifelhaften Bude an versteckten Waffen zutage gefördert haben. Da gab es kaum einen Sessel oder ein Sofa, in dem nicht zwischen den Polstern geladene Taschenrevolver steckten. In Vasen, in Sockeln von Porzellanbüsten, hinter Bildern, in Vorhangfalten und hinter Fensterschabracken, unter Schreib- und Pokertischen befestigt, in Stand- und Wanduhren, ja sogar in einem Spucknapf lag ein geladener Derringer, in Guttapercha eingewickelt. Zwischen Matratzen und Sprungrahmen, auf Toiletten unter Deckeln und Waschbecken, in Regalen hinter oder in Büchern, die genau passend innen ausgeschnitten waren, in der Küche in einem aufklappbaren Brotlaib aus Gips, in Lampenschalen – weiß der Teufel noch, wo überall wir Waffen fanden. Aus diesem einen Hotel holten wir raus: 28 Taschenrevolver, 21 Derringer, 19 Messer und 8 große Revolver, alle versteckt und getarnt. Besitzer und Angestellte hätten sich praktisch in jedem Zimmer, in jeder Ecke, einfach überall, selbst mit gefesselten Händen, augenblicklich bewaffnen und schießen können.«

Die Vielfalt der in den Jahren nach dem Bürgerkrieg bis weit noch über die Jahrhundertwende hinaus im amerikanischen Westen verwendeten Taschenrevolver und Derringer ist so verwirrend, die Verschiedenheiten der – oft erstaunlichen – mechanischen Systeme so groß, daß im Rahmen dieses Buches nur ein ganz grober Überblick über die meistgebräuchlichen Waffen gegeben werden kann:

Die Königin unter den Berufsspielern des Goldrausches: Madame Emma Dumont alias Madame Mustache.

Colt »Cloverleaf« House-Revolver

Dies ist praktisch der erste Colt-Revolver, der speziell für Metallpatronen entworfen und hergestellt wurde. Die Trommel hatte die Form eines vierblättrigen Kleeblatts (Cloverleaf) und faßte vier Patronen des Kalibers .41 kurz und .41 lang Randfeuer. Nur Lauf und Trommel bestanden aus Stahl, der Rahmen war aus Hartmessing. Zwischen 1871 und 1876 wurden zirka 7500 Stück dieser 411 Gramm schweren Waffe hergestellt und etwa 2500 Stück mit einer runden 5schüssigen Trommel.

Nummer 3602

Am 8. September 1879 fand man in der Nähe von Bodie, Nevada, auf der Straße eine tote Frau. In ihrer Hand hielt sie ein leeres Giftfläschchen, in ihrer Handtasche befand sich ein geladener »Clo-

Madame Mustache in Murray, Idaho, beim Kenospiel, mit dem sie die Bank sprengte.

verleaf«-Revolver Nr. 3602 und Papiere, die auf den Namen Emma Dumont lauteten. Wenige Tage später waren die Zeitungen der Goldgräberregionen voll von der Lebensgeschichte der berühmtberüchtigten »Madame Mustache«, der »Königin der Kartenspielerinnen«, die eines Tages im Jahre 1854 vor dem Shasta House in Nevada City aus der Postkutsche gestiegen war, mit unverkennbar französischem New Orleans-Akzent sprach und 25 Jahre lang die Goldfelder von Kalifornien, Montana und Nevada mit ihren verwegenen »Hals-und-Kragen-Spielen« in Atem gehalten hatte.

»In Bodie pflegte man Prostituierte auf dem ›Ausgestoßenen Friedhof‹ zu begraben. Als die Stadtväter Madame Mustache dort verscharren wollten, wurde ihr Cloverleaf-Revolver von Berufsspielern öffentlich versteigert und mit dem Erlös ein feudales Begräbnis bezahlt.«
Johann Weinreich: Goldrausch, 1888

Colt-Modell »New Line«, 1. Typ, Kaliber .22, mit Messingrahmen und 2¼-Inches-Lauf, Nr. 8962.

Colt-Modell »New Line«, 2. Typ, Kaliber .32, mit Stahlrahmen und 2¼-Inches-Lauf, Nr. 16 439.

Colt-Modell »New Line«, 3. Typ, Kaliber .38 Randfeuer, mit 2¼-Inches-Lauf, Nr. 8001.

Colt Pocket-Modell »Open Top« Nr. 85 953, Kaliber .22 kurz und lang Randfeuer, Lauflänge 2⅜ Inches, 7schüssig.

Colt Pocket-Modell »Open Top«

248 Gramm schwer war dieses winzige Revölverchen, das hinter der mittleren Handfläche eines Mannes verschwindet und von dem zwischen 1871 und 1877 insgesamt 114 200 Stück gefertigt wurden – im Kaliber .22 kurz und lang Randfeuer, mit 2,375 und 2,875 Inches-Läufen (6 und 7,3 cm). Irgendeinen praktischen Nutzen als Verteidigungswaffe hatte der »Open Top« nicht. Sheriff Barkley »Bat« Masterson von Dodge City sagte hierzu im Mai 1881:

»Ich weiß nicht, was sich Leute, die Revolver in solchen kleinen Kalibern herstellen, für Gedanken machen.
 Dieses winzige Ding von Colt mit der Nr. 85 953 liegt immer noch in meinem Büro. Der Mann, der nur einen Tag in Dodge bleiben und dann weiter nach Denver wollte, wurde im Lady Gay Saloon von einem Betrunkenen mit einem Messer angegriffen. Siebenmal hat dieser Mister Barney S. Straw aus Cincinnati, Ohio, auf Luther Chavez geschossen, sieben Kügelchen hat er ihm in den Leib geschossen. Dann hat ihn Chavez seelenruhig an der Theke erwürgt, hat gemütlich ein Bier getrunken und ist noch mehr als dreißig Meilen geritten, ehe er aus dem Sattel fiel und innerlich verblutete.«

Colt-Modelle »New Line«

Fünf konstruktiv gleiche, aber in Größe und Gewicht verschiedene Typen lieferte Colt von 1873 bis 1877: Der 1. Typ im Kaliber .22 kurz und lang Randfeuer war 7schüssig und hatte einen Messingrahmen mit 2,5 Inches-Lauf (6,35 cm). Er war nur 198 Gramm schwer. 55 343 Stück wurden hergestellt. Der 2. Typ im Kaliber .30 kurz und lang Randfeuer war 5schüssig, hatte einen Stahlrahmen mit 1,75 und 2,25 Inches-Läufen (4,5 und 5,7 cm) und wog 6,75 Unzen (191 g). Der 3. Typ im Kaliber .32 kurz und lang Randfeuer war 5schüssig, hatte einen Stahlrahmen mit 2,25 und 4 Inches-Läufen (5,7 und 10,1 cm) und wog 298 Gramm. Der 4. Typ im Kaliber .38 kurz und lang Randfeuer hatte einen Stahlrahmen mit 2,25 und 4 Inches-Läufen, eine 5schüssige Trommel und wog 383 Gramm. Der 5. Typ im Kaliber .41 kurz und lang Randfeuer war 5schüssig, hatte 2,25 und 4 Inches-Läufe und wog 340 g.
 Zahllose andere Hersteller fertigten in dieser Zeit Taschenrevolver nach ähnlichen Systemen an, darunter Remington einige »New Line«-Modelle. Aber sie hatten wenig Bedeutung im Westen.

Derringer

Im Gegensatz hierzu nehmen die Patronen-Derringers eine große Sonderstellung ein: Sie waren die idealen Verteidigungs- und Notfallwaffen (Emergency-Arms) in einer Gesellschaft, die miteinander auf »Tuchfühlung« lebte. Sie entsprachen allen Anforderungen, die man an eine Waffe stellte, die auf extreme Nahentfernung (bis fünf Meter) wirkungsvoll sein sollte. Sie waren sehr leicht und sehr klein, so daß man sie praktisch in der Westentasche verborgen tragen konnte, was ihnen zu ihrer Zeit auch die Bezeichnung »Vestpocket Pistol« (Westentaschenpistole) eintrug. Sie waren leicht und mit einer Hand zu bedienen. Ihre Lauflängen, die (das Patronenlager abgerechnet) selten mehr als ein Inch betrugen, reichten gerade aus, um einem Geschoß die Richtung zu geben. Von einer notwendigen Flugstabilisierung durch die Drehung von Zügen und Feldern konnte praktisch nicht die Rede sein. Geschosse, die aus solch kleinen Läufen verschossen werden, sind praktisch nicht drehstabilisiert, das heißt, nachdem sie drei bis fünf Meter zurückgelegt haben, beginnen sie zu schwänzeln und im Flug unstabil zu werden. Das bedeutet, daß man schon ein zehn Meter entferntes Ziel nur noch mit viel Glück treffen kann, selbst wenn es ein Kleiderschrank wäre. Bei den ersten einläufigen Derringern, die gleichzeitig die meistgekauften waren, herrschte das Kaliber .41 (10,4 mm) vor. Die Randfeuer-Kupferpatronenhülse war 11 mm lang, enthielt eine schwache Pulverladung von 10 Grain (0,65 g), das konische Geschoß wog 130 Grain (8,42 g). Pulverladung und Geschoß erfüllten alle Anforderungen, die man an sie stellte. Der Aufprallschock war so hoch, daß jemand, in den Rumpf getroffen, augenblicklich daran gehindert wurde, zurückzuschießen. Andererseits durchschlug das Geschoß einen Körper nicht, sondern es blieb in ihm stecken, so daß auch in einer größeren, dichten Menschenmenge niemand anderes gefährdet wurde.

Diese idealen Nahverteidigungs- (aber natürlich auch Nahangriffs-)Eigenschaften veranlaßten nicht nur Spieler und Freudenmädchen, solche Derringer mit sich zu führen, sondern auch die meisten Polizeibeamten – nicht nur in den Städten, sondern auch im Westen – besaßen für den Notfall Derringer. Den einläufigen Derringern folgten solche mit Doppellauf, die einen zweiten Schuß erlaubten. Es gab auch Derringer mit drei untereinanderliegenden Läufen und schließlich solche mit vier Läufen, die kompakt im Viereck angeordnet waren und vier Schüsse erlaubten. Mehrere

Läufe mußten aber notgedrungen auf Kosten der Großkaliber gehen. Die Kaliber wurden kleiner. Die meisten persönlichen Schußwaffenstreitigkeiten in den Städten, bei denen man sich praktisch dicht gegenüberstand, sind mit solchen Derringer-Pistolen ausgetragen worden, wenn es nicht gerade offizielle Duelle waren, die man – nach allen Regeln dieser blödsinnigen Kunst – nach wie vor mit einläufigen großen Perkussionspistolen austrug.

Einläufige Derringer

Moore-Derringer

Der erste Derringer im Kaliber .41 wurde von Daniel Moore 1861 hergestellt. Es war eine 270 Gramm schwere Waffe, 13 cm lang mit 6 cm langem Lauf, Messingrahmen aus einem Stück und einem Mechanismus, der das seitliche Wegschwenken des Laufs erlaubte. So viel verkaufte Moore von diesem Modell, daß er eine größere Fabrik gründete, die National Arms Co.

Colt-Derringer Nummer 3

Moore nannte den ersten Vollmetall-Derringer Nr. 1, und ein Modell, bei dem am Griffstück Griffschalen aus Holz angebracht waren, Nr. 2. Colt kaufte 1870 die National Arms Co. auf und produzierte beide Modelle nun unter der Typenbezeichnung National Derringer Nr. 1 und 2. Im gleichen Jahr kam Colt mit einem eigenen Derringer im Kaliber .41 auf den Markt, den Alexander Thuer entwickelt hatte und den man Nr. 3 nannte. Von diesem produzierte Colt von 1870 bis 1890 45 000 Stück, von Nr. 2 9000 und von Nr. 1 6500 im selben Zeitraum. Dem Colt-Derringer Nr. 3 sehr ähnliche Derringer-Pistolen wurden über viele Jahre hinweg von E. Allen & Co, Modell 1865; J. M. Marlin, Modell »Never Miss«; J. M. Marlin, Modell »Victor«; Hopkins & Allen, Modell XL; Merrimack Arms, Modell »Southerner«; Forehand & Wadsworth, Modell 1865; Ballard & Co., Modell 1869; Perry & Goddard, Modell »Double Ender«; Remington, »Vest Pocket-Pistol

Model 1«; Remington, »Vest Pocket-Pistol, Model 2«; Williamson, Modell 1866, und Elliot, Modell »Single Shot« Kaliber .41 hergestellt, die meisten im Großkaliber .41, einige in .38 kurz Randfeuer.

Doppelläufige Derringer

Remington Double Derringer

Der weitverbreitetste Derringer überhaupt ist wohl der zwischen 1866 und 1935 in mehr als 150 000 Stück hergestellte Double (Doppellauf-)Derringer in den Kalibern .41 und .38 (Rand- und Zentralfeuer). Die Waffe wog 11 Unzen (311 g) und hatte 3 Inches lange Läufe (7,6 cm). 5 cm des Laufes trugen mit fünf Zügen so hervorragend zur Drehstabilisierung des Geschosses bei, daß mit dieser Waffe tatsächlich eine gute Treffgenauigkeit auf 20 Meter (Streukreis: 18 cm) erzielt wurde.

Nummer 487

1903 starb im Südwesten Texas' ein Mann, zu dessen Lebzeiten die Anekdoten über ihn »zahlreicher waren als die Haare auf seinem Kopf«. Friedensrichter Roy Bean, der sich selbst von 1876 an »das Gesetz westlich vom Rio Pecos« nannte, der Recht aus einem alten »Sears & Roebuck«-Warenhauskatalog sprach, der ein Präriegebiet, größer als Baden-Württemberg, allein »befriedete«, nicht mit Colt und Winchester, sondern durch Witz, Humor und Rauhbeinigkeit. Als er starb, hinterließ er einen Remington Double Derringer Nr. 487, zwei mit Brandzeichen reich gravierte Revolver (Nr. 8054 und Nr. 8055) und sein zerfleddertes Gesetzbuch (Rivised Statutes of Texas for 1879) – das einzige, das er je besessen hatte. Den Derringer nahm er 1890 einem Erschossenen ab, der unweit seines »Gerichtssitzes«, der die Inschriften »Justice of the Peace · Law West of the Pecos · The Jersey Lily Saloon · Judge Roy Bean, Notary Public · Billard Hall · Ice Cold Beer« trug, aufgefunden worden war. Niemand erfuhr je, wer der Erschossene

Friedensrichter Roy Bean vor dem Saloon »Jersey Lilly«.

war, aber es ist mehr als wahrscheinlich, daß Roy Bean den Mann in der Nacht vorher selbst erschossen hat, der Himmel mag wissen warum. Auf der Hartgummigriffschale des Remington Double Derringer Nr. 487 befindet sich innen eingeritzt »Judge Roy Bean« · Jersey Lily Texas · 1890«. Neben Remington waren noch zwei Doppellauf-Derringer erfolgreich im Westen vertreten, die sogenannte »Wenderläufe« besaßen: Frank Wesson und Amerika Arms Co.

Einen dreischüssigen Derringer mit drei übereinanderliegenden Läufen stellte Marston & Co. her.

Vierlauf-Derringer

Aber neben dem Remington Doppellauf-Derringer waren wohl die berühmtesten die Vierlauf-Derringer von Christian Sharps, die bereits – als erste Patronen-Derringer überhaupt – 1859 auf dem Markt erschienen.

Sharps-Derringer Modell 1, 2, 3 und 4

Die kleinen, 12,5 cm langen und etwa 300 Gramm schweren Pistolen hatten einen gefluteten, 20 mm im Quadrat messenden Vierkantlaufblock mit vier Laufbohrungen, der im Rahmen fest auf einer Unterseite ruhte. Zum Laden und Entladen wurde der ganze Laufblock nach vorne geschoben. Das neue Patent an dieser Waffe war, daß sie einen rotierenden Schlagbolzenstift besaß, der sich bei jedem Hahnspannen um eine viertel Drehung bewegte, so daß der nächste Schlag auf die nächste Patrone fiel. Vier verschiedene Modelle stellte Sharps vor. Modell 1 hatte einen kleinen Messingrahmen mit einem 2,5 Inches-Laufblock, Modell 2 besaß einen großen Messingrahmen mit einem 3 Inches-Laufblock, Modell 3 (Sharps & Hankins-Modell) hatte einen Eisenrahmen mit 3,5 Inches-Laufblock, und Modell 4 hatte einen Eisenrahmen mit einem 3 Inches-Laufblock und einen sogenannten »Birdshead«-(Vogelkopf-)Griff. Dieses Modell nannte man Sharps »Bulldog« oder Sharps »Triumph«-Derringer. Normalerweise hatten alle Modelle das Randfeuerkaliber .32.

Die Kupferhülsen-Randfeuerpatronen im Kaliber .32 hatten ein 80 Grain schweres, konisches Bleigeschoß und eine Pulverladung von 9 Grain (0,6 g). Diese schwachen Patronen hatten so gut wie keinen Rückschlag. Eine kleine Westentaschenpistole, die man abfeuerte, wurde nicht weggeschlagen, sondern man konnte alle vier Schüsse auf Nahentfernung abgeben, und die Treffer lagen stets dicht beieinander. In der Hauptsache bedienten sich Frauen dieser winzigen Vierschüsser.

Nummer 12 155

Die redegewaltige Eiferin gegen Tabak- und Alkoholgenuß, Carry Nation, die die Rinderboomstädte von Kansas unsicher machte, in-

Sharps-Derringer
Modell 4 »Bulldog«,
Kaliber .32, Nr. 12 155.
Waffe von Carry Nation.

Sharps-Derringer
Modell 3, im Kasten mit
Zubehör.

dem sie mit einem Handbeil Saloons zertrümmerte und Männern auf offener Straße Zigarren aus dem Mund schlug, während sie mit Bibelsprüchen »Hölle und Brand« auf die Welt der »Genußsüchtigen« herabbeschwörte, trug stets einen Sharps »Bulldog«-Derringer Nr. 12 155 bei sich, in dessen Mündungen sie vor »Wut zitternde Saloonbesitzer« schauen ließ, während sie »seelenruhig mit ihrem Beil in den Regalen Flasche um Flasche zertrümmerte, daß man bald schon vom bloßen Atmen betrunken wurde«.

Es dauerte nicht lange, und in Europa erschienen die ersten Nachahmungen des Sharps Patents. Grünbaum in Wien stellte sechsläufige Derringer mit drehbarem Schlagbolzen her, Biedermann solche mit vier Läufen. In Spanien erschienen fast gleiche Kopien.

1855 brachte E. T. Starr fünf verschiedene Modelle eines starrläufigen Vierschüssers heraus, aber keine einzige solcher Nachahmungen erreichte je die Verbreitung der Sharps-Derringer.

Die »Saloon-Zertrümmerin« Carry Nation gab eine eigene Zeitung heraus, die »Zertrümmerer-Post«.

Schluß

Es wäre übertrieben zu behaupten, daß es Feuerwaffen waren, die den amerikanischen Westen »eroberten«. Menschen haben diesen Kontinent in einem Ansturm ohnegleichen zivilisiert, Menschen aus allen Teilen der Erde, die neben Axt und Pflug, Planwagen und Eisenbahn, Windmühlenbrunnen und Mähmaschinen auch Feuerwaffen verwendeten.

Es ist nicht übertrieben festzustellen, daß diese Waffen so vielfältig und verschieden waren und sicherlich auch so interessant und abenteuerlich wie die Menschen, die sie gebrauchten. Von der Zeit der Waldläufer, Trapper und Mountain-Men, über die Episoden, die von Siedlern, Heimstättern, Eisenbahnern, Büffeljägern, Cowboys, Soldaten, Holzfällern, Goldsuchern bis zu den Gesetzeshütern und Banditen geprägt waren, waren die Waffen des Wilden Westens nicht nur Waffen, sondern sie gehörten zur alltäglichen Ausrüstung, waren Alltagsinstrumente des Amerikaners im weiten Westen.

»Keine einzige Erfindung hat auf die Entwicklung der Menschheit solch einen großen Einfluß ausgeübt wie das Schießpulver und die Entwicklung der Feuerwaffe. So wahr es ist, daß sie die Waffe des Meuchelmörders, die Krücke des Räubers und Diebs und die Muskeln einer bullenstarken Nation war – so wahr ist es aber auch, daß sie der Schlüssel war, der der Menschheit den Kerker der Leibeigenschaft öffnete, das Werkzeug des Pioniers und das Hilfsmittel der Freiheit. So wie die Feuerwaffe in der Hand des Kriminellen zur gefährlichen Bedrohung wurde, so war sie aber auch in der Hand des Gesetzes die perfekte Beherrschung solcher Bedrohung, der Schutz des Menschen vor dem Mißbrauch der Feuerwaffe. Die Waffe in der Hand des Bürgers war stets eine Garantie dafür, daß der Staat Diener des Volkes blieb, daß dieser Staat kontrollierbar war und Staatsmachtmißbrauch ausgeschlossen war.«
Hank Wieand Bowman: Antique Guns, S. 3

Goldmann GELBE

Auf Leben und Tod. Von Ulrich Harbecke. Ein realistischer Spannungsroman (3304)

Ein Bankraub in einer amerikanischen Großstadt löst eine Lawine dramatischer Ereignisse aus. Spannung und schonungslose Kritik an der heutigen Gesellschaft sind in diesem Roman miteinander verflochten.

Der Haftbefehl. Von Ion Cleary. Roman um Spionage und Liebe. Mit Lilli Palmer in der Hauptrolle verfilmt (3306)

Nach vollendeter politischer Mission soll der australische Hochkommissar in London verhaftet werden. Die Anklage: Mord an seiner Frau vor 23 Jahren. Da tritt ein Ereignis ein, das ihn von jedem Verdacht befreit. Ein spannender Roman, der auf dem spiegelblanken politischen Parkett angesiedelt ist.

Geheimnisse um La Luz. Von Alice Bickel. Spionageroman um eine gefährliche chemische Formel (3301)

Eine psychochemische Formel ist in die Hände eines gewissenlosen Mannes geraten, der ein Kampfmittel daraus entwickeln will. Wer Spannung liebt, kommt bei diesem in Spanien spielenden Roman auf seine Kosten.

WILHELM GOLDMANN VERLAG MÜNCHEN

Goldmann GELBE

Diamanten im Meer. Von Nevil Shute. Roman um eine verschwundene Erbschaft. (2913)

Mit Keith Steward, dem schüchternen Helden dieses Buches, der wider Willen in ein Abenteuer verwickelt wird, hat Nevil Shute eine seiner liebenswertesten Romangestalten geschaffen. Shute gehört zu den erfolgreichsten Autoren der zeitgenössischen Unterhaltungsliteratur. Seine Romane wurden in alle Kultursprachen übersetzt, oft verfilmt. Die Auflagen übersteigen die Millionengrenze.

Im Eismeer verschollen. Von Hans Otto Meissner. Abenteuerroman (2923)

Professor Sartorius, ein namhafter Gelehrter und Inhaber einer pharmazeutischen Fabrik, wird nach einem Schiffsunglück für tot erklärt. Doch er lebt. Ein Schiff, das in verbotenen Gewässern kreuzt, und ein Forschungszentrum in Grönland sind die Stationen seiner abenteuerlichen Errettung.

Von Lichtern gejagt. Von Paul Stanton. Die einsame Patrouille des Jet 577. Spannungsroman (2911)

Dieser Roman, der in der Welt der Jet-Piloten angesiedelt ist, liest sich wie ein Spannungsbuch, ein Liebesroman und ein Gegenwartsdokument zugleich. Der Leser soll sich der Verantwortung den anderen Menschen gegenüber bewußt werden.

WILHELM GOLDMANN VERLAG MÜNCHEN

Goldmann GELBE

Theodor Plievier: Moskau. Roman (Der große Krieg im Osten, Band 1) (3366).

Mit dem ersten Band seiner weltberühmten Romantrilogie hat der Autor ein Dokument des Rußlandfeldzugs geschaffen, das noch heute, mehr als dreißig Jahre nach der großen Katastrophe, ein erschütterndes Mahnmal für die Maßlosigkeit ist, mit der die mächtigsten Männer Europas ihre Heere gegeneinander führten.

Theodor Plievier: Stalingrad. Roman (Der große Krieg im Osten, Band 2) (3357).

»Der düstere, breite Bericht vom Sterben einer Armee, beginnend mit der Einschließung, endend mit der Kapitulation, angefüllt wie ein Arsenal des Schreckens mit Einzelzügen von grauenhafter Wahrheit an der Front und in der Etappe, in Loch und Bunker, auf Verbandsplätzen und Flugbasen ...«
(Hochland, München)

Theodor Plievier: Berlin. Roman (Der große Krieg im Osten, Band 3) (3426).

Berlin, das Machtzentrum des Hitlerreiches, ist das Thema des dritten Bandes von »Der große Krieg im Osten«. Wir erleben in ihm das Chaos des Zusammenbruchs, die letzten verzweifelten Verteidigungsversuche der geschlagenen Wehrmacht, den Ansturm der sowjetischen Heere, den Zerfall von Hitlers Macht und die ersten Aktionen der ausländischen Politiker in Berlin.

WILHELM GOLDMANN VERLAG MÜNCHEN